www.ingramcontent.com/pod-product-compliance
Lightning Source LLC
LaVergne TN
LVHW010410070526
838199LV00065B/5943
* 9 7 8 9 3 5 8 7 2 9 0 1 6 *

ادب اور تنقید

(مضامین)

مرتبہ:
عمر فرحت / خالد کرار

© Taemeer Publications LLC

Adab aur Tanqeed *(Essays)*

by: Umar Farhat / Khalid Karrar

Edition: August '2024

Publisher :

Taemeer Publications LLC (Michigan, USA / Hyderabad, India)

ISBN 978-93-5872-901-6

9 789358 729016

مرتب یاناشر کی پیشگی اجازت کے بغیر اس کتاب کا کوئی بھی حصہ کسی بھی شکل میں بشمول ویب سائٹ پر اَپ لوڈنگ کے لیے استعمال نہ کیا جائے۔ نیز اس کتاب پر کسی بھی قسم کے تنازع کو نمٹانے کا اختیار صرف حیدرآباد (تلنگانہ) کی عدلیہ کو ہو گا۔

© تعمیر پبلی کیشنز

کتاب	:	**ادب اور تنقید** (مضامین)
مرتب	:	**عمر فرحت / خالد کرار**
صنف	:	غیر افسانوی نثر
ناشر	:	تعمیر پبلی کیشنز (حیدرآباد، انڈیا)
سالِ اشاعت	:	۲۰۲۴ء
صفحات	:	۸۸
سرورق ڈیزائن	:	تعمیر ویب ڈیزائن

فہرست

(۱)	محمد علی جوہر کی شاعری اور جذبۂ حریت	گوپی چند نارنگ	6
(۲)	کلاسیکی اردو شاعری میں طنز و مزاح کی روایت	ابوالکلام قاسمی	24
(۳)	اکتشافی تنقید کا تفاعل	حامدی کاشمیری	40
(۴)	تنقیدی ادب کا منظر نامہ	نثار احمد صدیقی	48
(۵)	عادل منصوری کی شاعری	محمد منصور عالم	55

محمد علی جوہر کی شاعری اور جذبۂ حریت
پروفیسر گوپی چند نارنگ

رئیس الاحرار مولانا محمد علی جوہر ایک شیر دل قائد تھے۔ ان کے عزم میں ہمالہ کی سی عظمت، جذبے میں آتش فشاں لاوے کی سی گرمی اور ولولے میں سیل بے پناہ کی سی تندی و تیزی تھی۔ وہ کردار اور گفتار دونوں کے غازی تھے۔ بیسویں صدی کے دور اول میں انہوں نے دیکھتے ہی دیکھتے اپنی تحریر و تقریر اور عبارت و اشارت سے قوت و توانائی کی ایسی آگ بھڑکا دی کہ پوری تحریک آزادی میں خود ارادی اور خود اعتمادی کی ایک لہر دوڑ گئی۔ قومی رہنما دوسرے بھی تھے اور ان میں سے کئی مولانا محمد علی جوہر سے آگے اور ان سے بڑے تھے، لیکن آتش فشانی اور شعلہ سامانی کا منصبِ بلند گویا انہیں کو ودیعت ہوا تھا۔ ان کی مجاہدانہ شخصیت کے جوش و خروش نے چند ہی برسوں میں عمل کا ایسا صور پھونکا اور انگریزوں کی قاہرانہ طاقت سے ایسی ٹکر لی کہ دیکھنے والے دنگ رہ گئے۔ مسلمانوں میں ملی بیداری پیدا کرنے اور انہیں ہندوستان کی سیاست میں موثر قوت بنانے میں مولانا محمد علی کا بڑا حصہ ہے۔

مولانا محمد علی جوہر کی تعلیم ہندوستان میں بھی ہوئی اور ہندوستان سے باہر بھی لیکن ذہنی اعتبار سے وہ شبلی کے قبیلے سے تعلق رکھتے تھے۔ شاعری پر اصلاح انہوں نے بھلے ہی داغ سے لی ہو۔ لیکن ذہنی مناسبت انہیں شبلی سے تھی۔ یہ مناسبت صرف تحریک

آزادی کی وجہ سے نہیں بلکہ جمالیاتی اور شعری اعتبار سے بھی تھی۔ شاعری میں انہوں نے بڑی حد تک اسی طرز فغاں کو اپنایا جس کی طرح شبلی کے رچے ہوئے ذوق، احساس تغزل، رنگینیِ بیان اور مزیہ لے نے ڈالی تھی۔ محمد علی جوہر اگرچہ تحریک آزادی کے مجاہد تھے اور ان کی شخصیت کا عملی اور سیاسی پہلو ان کی شاعری سے کہیں زیادہ نمایاں ہے۔ لیکن مزاج چونکہ تخلیقی تھا، اس لئے عمل کی سیمابیت برابر جذبہ واحساس کی سرشاری کا پتہ دیتی ہے۔ حریت پسندی ان پر ختم تھی۔ یہ ان کی سب سے بڑی طاقت تھی اور شاید کمزوری بھی۔ وہ مکمل آزادی کے تصور میں معمولی سی تبدیلی کے روادار نہ تھے۔ ان کی روح مجاہد کی تھی۔ لیکن دل کا شاعر کا تھا۔ ان کے شعری کردار کا ذکر کرتے ہوئے شبلی کی یاد تو تازہ ہو ہی جاتی ہے۔ لیکن حسرت موہانی کا نقش بھی ساتھ ساتھ ابھرنے لگتا ہے جو مولانا کے معاصر تھے۔ غزل کی رمزیت اور ایمائیت میں قومی وسیاسی جذبات کے بیان کی گنجائش تو آغاز سے تھی لیکن جس انداز سے محمد علی جوہر اور حسرت موہانی نے پرانی مینا میں نئی شراب بھری اس سے ایک اور ہی دلنواز نقش سامنے آیا اور غزل میں ایک نئی معنیاتی جہت کا اضافہ ہو گیا۔ حسرت بیسویں صدی کے ایوان غزل کا ایک تابناک باب ہیں۔ ان کے رنگ تغزل کی کئی سطحیں اور کئی شانیں ہیں۔ جبکہ محمد علی جوہر کے یہاں پوری غزل اسی کیفیت میں ڈوبی ہوئی ہے۔ محمد علی جوہر کا تو اصل کارنامہ یہی ہے کہ ان کی غزلوں میں عاشقی و آزادی دونوں مل کر ایک ہو گئے۔ ان کا ذوق شعری اتنا بالیدہ، لطیف اور رچا ہوا ہے کہ عام طور پر ان کے کلام پر روایتی عاشقانہ رنگ کا دھوکا ہو سکتا ہے۔ لیکن در اصل ایسا نہیں۔ عاشقانہ لے کی رمزیت کے پردے میں وطنی لے ہے۔ جو عاشقانہ لے کے ساتھ ساتھ چلتی ہے۔ لیکن سرسری پڑھنے والوں کو اس کی پوری قوت اور درد مندی کا اندازہ نہیں ہو تا ہے۔ شاید یہی وجہ ہے کہ اردو کی قومی شاعری میں محمد علی جوہر

کی غزل کا اتنا ذکر نہیں کیا جاتا جتنا اس کا حق ہے۔ مولانا غزل کی وضعداری کے قائل تھے۔ ان کی شعری میزان میں برہنہ گفتاری یا موضوع بندی کی سرے سے گنجائش تھی ہی نہیں۔ اگر ایسا ہوتا تو جتنے بڑے وہ قائد تھے، قومی اور سیاسی تقاضوں کی وجہ سے انہوں نے اتنی بڑی تعداد میں موضوعاتی نظمیں بھی کہی ہوتیں۔ لیکن ان کا کلام دیکھ کر تعجب ہوتا ہے کہ انہوں نے نظم تقریباً نہیں کہی۔ دو چار نظمیں جو ان کے مجموعے میں ملتی ہیں۔ شاید فرمائشی ہیں اور ان کے شعری سرمائے میں کوئی خاص حیثیت نہیں رکھتیں۔ اس کی ایک وجہ یہ بھی ہو سکتی ہے کہ داغ کی شاگردی کی وجہ سے ابتدا غزل سے ہی کی تھی اور یہ بھی واقعہ ہے کہ ان کا تخلیقی جوہر تغزل سے عبارت تھا۔ انہوں نے اپنے ایام گرفتاری میں یا اس کے بعد جب جب شعر کو سخن کا پردہ کیا تو اپنے مزاج تغزل کی وجہ سے اشاریت اور ایمائیت کی بہترین روایتوں کی پاسداری کی۔ اردو تنقید کو دیوان جوہر کے رنگ تغزل کے اس پہلو کا حق شاید ابھی ادا کرنا ہے۔ انہوں نے اپنے قومی اور ملی احساسات تمام و کمال تغزل کے پیرایے میں بیان کئے اور اس Heightened Emotion یعنی جذبے واحساس کی اس شدت اور تندی کے ساتھ اس کی دوسری نظیر کم سے کم اس دور کی غزل میں نہیں ملتی۔

محمد علی جوہر کی شاعری میں مرکزیت، جذبہ عشق ہی کے ذریعہ پیدا ہوئی ہے۔ یہ عشق وطن کا، ملت اسلامیہ کا اور آزادی ہند کا عشق ہے۔ غیر مشروط اور ہر طرح کے تحفظات سے مبرا۔ لیکن یہ مشاہدۂ حق کی وہ گفتگو ہے جو بادہ وساغر کے پیرایۂ رنگین میں بیان ہوئی ہے اور اس میں سرشاری اور سرمستی کی والہانہ اور بے تابانہ کیفیت ہے۔ یوں تو اس میں جیب و داماں کی شکایت بھی ہے اور زلف پریشاں اور ابرو مژگاں کی حکایت بھی ہے لیکن وحشی کو جس ناقہ لیلیٰ کی تلاش ہے، اس کا راز غزل کی پوری فضا کو نظر میں رکھنے

سے کھلتا ہے۔ ان غزلوں میں اکثر و بیشتر اشعار لخت لخت نہیں بلکہ ان میں ایک مسلسل کیفیت ہے، نہ صرف روانی اور بہاؤ اور جذباتی ترفع کی، بلکہ اس معنیاتی فضاء کی بھی جس کی شیر ازہ بندی مولانا کے تصور ملی اور جذبہ حریت سے ہوئی ہے۔ ان غزلوں سے لطف اندوز ہونے کے لئے ان کی مجموعی فضا اور قومی و سیاسی محرکات کو نظر میں رکھنا بہت ضروری ہے۔ یہ قومی عاشقانہ کیفیت اتنی عام ہے کہ محمد علی جوہر کی غزلوں کو کہیں سے بھی دیکھیے ان میں حدیث قوم و وطن کو سر دلبراں کے پیرایے میں بیان کرنے کا یہی دلنواز اور لطیف انداز ملے گا:۔

یہ نظر بندی تو نکلی ردِ سحر
دیدہ ہائے ہوش اب جا کر کھلے
اب کہیں ٹوٹا ہے باطل کا فریب
حق کے عقدے اب کہیں ہم پر کھلے
فیض سے تیرے ہی اے قیدِ فرنگ
بال و پر نکلے قفس کے در کھلے

**

قید اور قید بھی تنہائی کی
شرم رہ جائے شکیبائی کی
قیس کو ناقہ لیلیٰ نہ ملا
گو بہت بادیہ پیمائی کی
ہم نے ہر ذرے کو محمل پایا
ہے یہ قسمت ترے صحرائی کی

**

یاد وطن نہ آئے ہمیں کیوں وطن سے دور
جاتی نہیں ہے بوئے چمن کیا چمن سے دور
مست مئے الست کہاں اور ہوس کہاں
طرز وفائے غیر ہے اپنے چلن سے دور
گر بوئے گل نہیں، نہ سہی یاد گل تو ہے
صیاد لاکھ رکھے قفس کو چمن سے دور

**

آئی ہو نہ زنداں میں خبر موسم گل کی
سننا تو ذرا شورِ عنادل تو نہیں یہ
مجنوں ہے تو کیا عشق کا احساس بھی کھویا
جس میں تیری لیلیٰ ہو وہ محمل تو نہیں یہ

**

نہ اڑ جائیں کہیں قیدی قفس کے
ذرا پر باندھنا صیاد کس کے

ان اشعار میں درد وطن کی داستان اگرچہ قیس وفاقۂ لیلیٰ، محمل وصحرا اور بوئے گل و صیاد و قفس کے پیرایے میں بیان ہوئی ہے تاہم کہیں کہیں نظر بندی، قید فرنگ اور وطن و چمن کے کھلے اشارے بھی آگئے ہیں۔ لیکن محمد علی جوہر بالعموم کھلے اشاروں میں بات نہیں کرتے۔ ان کا عام اندازِ بیان تغزل میں اس حد تک رچا بسا ہے کہ ان کے قومی وطنی جذبات کو عام عاشقانہ جذبات سے الگ کر کے دیکھنا ممکن ہے۔

سینہ ہمارا فگار دیکھیے کب تک رہے

چشم یہ خونابہ بار دیکھیے کب تک رہے

ہم نے یہ مانا کہ یاس کفر سے کمتر نہیں

پھر بھی ترا انتظار دیکھیے کب تک رہے

یوں تو ہے ہر سو عیاں آمد فصل خزاں

جور و جفا کی بہار دیکھیے کب تک رہے

اس غزل سے حسرت موہانی کی مشہور غزل کی یاد تازہ ہو جاتی ہے

رسم جفا کامیاب دیکھیے کب تک رہے

جب وطن مستِ خواب دیکھیے کب تک رہے

ان اشعار میں ایک مجاہد کے دل کی تڑپ، امنگ اور ولولہ دیکھا جا سکتا ہے۔ مولانا نے ایسی غزلیں زیادہ تر فرنگ کے دوران کہیں۔ ذرا ملاحظہ ہو ان اشعار میں جہاں عشق کے جذبہ صادق کی آنچ ہے۔ وہاں شور سلاسل کی گونج بھی سنائی دیتی ہے۔

یقیناً فصل گل میں پھر نکل بھاگا ہے زنداں سے

وہی شور سلاسل ہے، وہی دیوانہ آتا ہے

* *

آخر کو لے کر عرش سے فتح و ظفر گئی

مظلوم کی دعا بھی کبھی بے اثر گئی

اپنی ہی عمر نے نہ وفا کی وہ کیا کریں

ہم ہو چکے تو ان کو ہماری خبر گئی

کہنے نہ پائے وصل کی شب مدعائے دل

اک داستان غم تھی وہی تا سحر گئی

**

یاں تو ہے نام عشق کا لینا
اپنے پیچھے بلا لگا لینا
شرطِ تحریر پہلے سن لے، پھر
خامے کو ہاتھ میں دلا لینا
نامۂ شوق ان کو شوق سے لکھ
غیر کو بھی مگر دکھا لینا
ایک ہی جام اور سرمستی
ساقیا، دیکھ میں چلا لینا

**

مولانا کا عشق ایک عاشقِ صادق کا عشق تھا، اس میں ایک ایسے شعلۂ جوالہ کی کیفیت تھی۔ جس نے ان کے پورے وجود کو پگھلا کر رکھ دیا تھا۔ ان کے عشق میں دیوانگی کا رنگ ہے اور اس کی عام کیفیت جذب و جنون کی ہے۔ آزادی کی راہ میں وہ ہر شے کی بازی لگانے کو تیار رہتے تھے۔ حتیٰ کہ عزیز ترین متاع یعنی نقد جان کے ٹھکانے لگانے کو وہ سب سے بڑی سعادت سمجھتے تھے۔ وطن و ملت کے لئے جان قربان کرنا ان کی سب سے بڑی تمنا تھی اور اسی تمنا کی وجہ سے ان کے کلام میں ایک عجیب و غریب سرشاری اور مرکزیت پیدا ہو گئی تھی۔ یہ مرکزیت اور محویت اس وقت تک پیدا نہیں ہو سکتی۔ جب تک عشق پورے وجود کو اپنی لپیٹ میں نہ لے لے اور زندگی اور اس کے نصب العین میں پوری تطبیق پیدا نہ ہو جائے۔ مولانا کے اشعار سے معلوم ہوتا ہے کہ گویا انہیں یقین تھا کہ اس راہ میں

جان تو جانی ہی جانی ہے اور یہی عشق کا کمال اور منتہا ہے۔ مولانا کے شعری اظہار میں شوق شہادت، قتل اور قتل کے متعلقات خاص اہمیت رکھتے ہیں۔ ذرا ان اشعار میں دیکھیے کہ جان قربان کرنے کا جذبہ کیا کیا شکلیں اختیار کرتا ہے:۔

کر گئی زندۂ جاوید ہمیں
تیغ قاتل نے مسیحائی کی
عقل کو ہم نے کیا نذرِ جنوں
عمر بھر میں یہی دانائی کی

**

دے نقدِ جان تو بادۂ کوثر ابھی ملے
ساقی کو کیا پڑی ہے کہ یہ مے ادھار دے
رہرو تھا راہ عشق کا منزل کو پالیا
اب اور کیا نشاں مری لوح مزار دے
ہے رشک ایک خلق کو جوہر کی موت پر
یہ اس کی دین ہے جسے پروردگار دے

**

ستم سے کچھ نہ ہوا اب کھلا ستم گر پر
ابھی کچھ اور بھی باقی ہے قتل عام کے بعد
تمھیں کرو سر تسلیم پہلے خم پئے قتل
کہ سر جھکاتے ہیں سب مقتدی امام کے بعد

**

جنس گراں تو تھی نہیں کوئی مگر یہ جاں
لائے ہیں ہم بھی رونق بازار دیکھ کر
ہم خاصگان اہل نظر اور یہ قتل عام
جور و ستم بھی کر تو ستم گار دیکھ کر

**

ہو کچھ بھی مگر شور سلاسل تو نہیں یہ
جو ہر کا تڑپنا دم بسمل تو نہیں یہ
ہے بات تو جب نزع میں تمکیں رہے قائم
مقتل ہے دلا، رقص کی محفل تو نہیں یہ

**

کچھ بھی وہاں نہ خنجر قاتل کا بس چلا
روح شہید رہتی ہے نعش و کفن سے دور
شاید کہ آج حسرت جوہر نکل گئی
اِک لاش تھی پڑی ہوئی گور و کفن سے دور

**

نہیں پالا پڑا قاتل تجھے ہم سخت جانوں سے
ذرا ہم بھی تو دیکھیں تیری جلادی کہاں تک ہے
گویا ہے لاش بھی تو تمہارے شہید کی
پیہم صدا بلند ہے ہل من مزید کی
ساقیا، دیکھ تشنہ کام نہ جائیں

ذبح سے پہلے کچھ پلا لینا

ان اشعار میں قتل، قتل عام، قاتل، تیغ قاتل، خنجر قاتل، مقتل، جنوں، نذر جنوں ،موت، نقد جاں کا لٹانا، ذبح کرنا، بسمل، شہید، نعش، مزار، لوح مزار، گور وکفن وغیرہ کلا سیکی غزل کی عام لفظیات کا حصہ ہیں اور بظاہر ان میں کوئی نئی بات نہیں۔ لیکن جذبے کی جس سرشاری اور انہماک سے مولانا نے انہیں برتا ہے اور جس کثرت اور تواتر سے یہ اور ان سے ملتے جلتے الفاظ وتراکیب تخلیقی اور استعاراتی طور پر مولانا کی غزل میں وارد ہوتے ہیں اور ان کے حسی اور بصری پیکروں سے جو خاص فضا مرتب ہوتی ہے۔ اسے مولانا کے تخلیقی مزاج کو سمجھنے میں نظر انداز نہیں کیا جا سکتا۔ مولانا کی غزل میں خاص بات یہ ہے کہ ان کا جوشِ حریت انہیں ہمیشہ جذبۂ شہادت سے سرشار رکھتا ہے۔ قاتل کا ہاتھ سے لہو کو دھوتے ہوئے رورو دینا اور خامے کا خونچکاں ہونا اردو غزل کی روایت کا حصہ ہے۔ لیکن اگر پوری غزل ہی قتل، شہادت، لہو یا خون کے رنگ میں ڈوبی ہوئی نظر آئے تو یقیناً اس سے ایک خاص شعری مزاج اور افتاد ذہنی کا سراغ ملتا ہے۔

مولانا نے بیشتر غزلیں قید فرنگ کی تنہائی میں کہیں۔ نور الرحمن نے لاہور سے دیوان جوہر کا جو ایڈیشن شائع کیا تھا۔ اس میں مولانا کی نایاب تحریروں کا عکس بھی ہر غزل کے ساتھ شائع کیا گیا ہے جو پاکستان قومی میوزیم میں محفوظ ہے۔ اس سے معلوم ہوتا ہے کہ ان غزلوں کے اوراق جیلر کے دستخط اور مہر لگانے کے بعد باہر بھیجے جاتے تھے۔ ان غزلوں میں خاصی تعداد ایسے اشعار کی ہے جن میں ذوق شہادت، قتل یا واردات قتل کی کیفیت ہے۔ اس کیفیت کی روشنی میں کہنا غلط نہ ہو گا کہ مولانا کی غزل کا منظر نامہ اور ان کی شعری امیجری قتل وشہادت اور خون سے عبارت ہے۔ گویا یہ جذبہ کی سرفروشی کا لالہ زار ہے۔ جہاں سرخیِ خون شہدا سے آزادی کی تمناؤں کا رنگ سرخ ہو گیا ہے۔

اللہ کے بانکوں کا بھی ہے رنگ نرالا
اس کی سادگی پہ شوخیِ خونِ شُہدا دیکھ
میرے لہو سے خاک وطن لالہ زار دیکھ
اسلام کے چمن کی خزاں میں بہار دیکھ
مرنے کو یوں تو مرتے ہیں ہر روز سینکڑوں
اپنے لئے پیام قضا ہو تو جانیے
کہتے ہیں نقد جاں جسے ہے عاشقوں پہ قرض
یہ قرض ہم سے جلد ادا ہو تو جانیے
شہد او شرابِ خلد میں یہ چاشنی کہاں
کچھ خونِ دل سے بڑھ کے مزا ہو تو جانیے
قاتلِ جوہر کے ہاتھوں سے نہ چھوٹا حشر تک
کس بلا کا خون ظالم کی رگِ گردن میں تھا
بہارِ خونِ شہادت دکھا گئے جوہر
خزاں میں اور یہ رنگ شباب دیکھو تو
ہے قبل مرگ ہی اعدائے دیں کا واویلا
ابھی ہوا ہی کہاں ہے عذاب دیکھو تو
اور کس وضع کی خوباں ہیں عروسانِ بہشت
ہیں کفن سرخ شہیدوں کا سنورنا ہے یہی
تجھ سے کیا صبح تلک ساتھ نبھے گا اے عمر
شبِ فرقت کی جو گھڑیوں کا گزرنا ہے یہی

نقد جاں نذر کرو سوتے کیا ہو جو ہر
کام کرنے کا یہی ہے تمھیں کرنا ہے یہی

ذوقِ شہادت اور قتل کا گہرا تعلق دار و رسن سے ہے۔ یہ اور اسی طرح کی دوسری تراکیب فارسی غزل سے اردو غزل کے کلاسیکی سرمائے میں آئیں۔ بالعموم سمجھا جاتا ہے کہ یہ ترقی پسند کی دین ہیں۔ واقعہ یہ ہے کہ ترقی پسندوں سے تقریباً ربع صدی پہلے حسرت موہانی اور محمد علی جوہر ان ترکیبوں کو پوری تخلیقی محویت اور دلسوزی کے ساتھ برت چکے تھے۔

جوہر نہ کیوں یہ رسم کہن زندہ کر چلیں
دار و رسن کے گرچہ نہ ہوں بانیوں میں ہم

اے مسیحا اس مرض سے کون چاہئے گا شفا
دار پر موت آئے اس کی بھی کوئی تدبیر ہے

کیا عشق ناتمام کی بتلاؤں سر گزشت
دار و رسن کا اور ابھی انتظار دیکھ

پاداش جرم عشق سے کب تک مفر بھلا
مانا کہ تم رہا کیے دار و رسن سے دور

مولانا کے مجاہد ملت ہونے کا ایک اور ثبوت یہ ہے کہ مولانا نے ہوس زیست پر کچھ اس طرح قابو پا لیا تھا کہ وہ بار بار تلقین کرتے ہیں۔ کہ جو انسان راہ حق اور راہ وطن میں موت سے ڈرتا ہے اس کی زندگی موت سے بدتر ہے۔ وہ بار بار کہتے ہیں کہ قلزم عشق میں ڈوبنا ہی دراصل پار اترنا ہے اور انہوں نے اپنی زندگی سے اس کا عملی ثبوت بھی دیا۔ مولانا کے تخلیقی ذہن کو واردات قتل، شہادت اور خون سے جو مناسبت ہے اب تک اس کی

مثالیں ادھر ادھر سے پیش کی گئیں۔ لیکن اس کی بہترین توثیق اس غزل سے ہوتی ہے جسے بلا شبہ مولانا کی شاہکار غزل کہا جا سکتا ہے۔ مولانا نے اگر کچھ اور نہ لکھا ہوتا اور یہی ایک غزل کہی ہوتی تو بھی اردو کے جریدۂ شعر پر ان کا نام ہمیشہ کے لئے ثبت ہو جاتا۔ لیکن یہ بات ہے سخن گسترانہ، کیونکہ اس غزل میں جو سرشاری اور دلسوزی ہے وہ دشت شہادت میں عمر کھپانے اور اُس کیفیت سے گزرنے کے بعد ہی پیدا ہوتی ہے جس کے بارے میں کہا گیا ہے کہ اک خون کا دریا ہے ڈوب کے جانا ہے۔ ملاحظہ ہو اس غزل کی امیجری کا کتنا گہرا تعلق قتل و خون سے ہے۔

دور حیات آئے گا قاتل قضا کے بعد
ہے ابتدا ہماری تری انتہا کے بعد
جینا وہ کیا کہ دل میں نہ ہو کوئی آرزو
باقی ہے موت ہی دل بے مدعا کے بعد
تجھ سے مقابلے کی کسے تاب ہے ولے
میرا لہو بھی خوب ہے تیری حنا کے بعد
لذت ہنوز مائدۂ عشق میں نہیں
آتا ہے لطف جرم تمنا سزا کے بعد
قتلِ حسین اصل میں مرگِ یزید ہے
اسلام زندہ ہوتا ہے ہر کربلا کے بعد

اس غزل میں ابتدا و انتہا، حیات و موت، قضا و سزا، آرزو اور دل بے مدعا، لہو اور حنا، قتلِ حسین اور مرگِ یزید اور اسلام و کربلا میں جو مناسبتیں ہیں، ان سے جو پیکر اور حسی معنیاتی نقش ابھرتے ہیں اور ان کا جو ربط شہادت سے اور واردات قتل سے ہے۔

اس کی وضاحت کی ضرورت نہیں۔ یہ تمام تصورات جو مولانا کے تخلیقی مزاج میں بمنزلۂ جوہر کے جاگزیں تھے۔ اِس غزل میں ان کا بھرپور تخلیقی اظہار ہوا ہے۔ یہی وجہ ہے کہ یہ غزل خود ارادی وخود اعتمادی، سرشاری و سرمستی اور کیف و سرور کے اعتبار سے خاصی اہمیت رکھتی ہے اور اس کا آخری مصرع تو ضرب المثل بن چکا ہے۔

ابھی مولانا کے تصورات کی دو منزلیں اور بھی ہیں جن کی طرف اشارہ کرنا بات کو مکمل کرنے کے لئے ضروری ہے۔ اول یہ کہ جیسا کہ مندرجہ بالا غزل کے آخری شعر سے ظاہر ہے۔ قتل حسین اور کربلا، تحریک آزادی اور اتحاد اسلامی کے تناظر میں غالباً اُردو غزل میں پہلی بار استعمال ہوئے ہیں اور انہیں وسیع قومی و ملی معنوں میں پہلی بار استعمال کرنے کا امتیاز مولانا کو حاصل ہے۔ مولانا نے جاں فروشی اور پیرویِ حق کے ضمن میں منصور اور انا الحق کو بھی استعارے اور علامت کے طور پر برتا ہے اور ان کی مدد سے تخلیقی سطح پر مجاہدین آزادی کے جذبہ حریت اور حوصلہ شہادت کو للکارا ہے۔

منصور

یہ بھی کیا پیروی حق ہے کہ خاموش ہیں سب
ہاں انا الحق بھی ہو، منصور بھی ہو، دار بھی ہو
جاں فروشی کے لئے ہم تو ہیں تیار مگر
کوئی اس جنس گرامی کا خریدار بھی ہو
کشتوں کو تیرے کس نے کیا ہے سپرد خاک
ان میتوں کے واسطے گور و کفن کہاں
سنتے ہیں یہ بھی ایک بزرگوں کی رسم تھی
اس دور اعتدال میں دار و رسن کہاں

سن لیجے خلوتوں میں انا الحق کا ادعا
سولی پہ چڑھ سنائے وہ اب نعرہ زن کہاں

حسین و کربلا

پیغام ملا تھا جو حسین ابن علی کو
خوش ہوں وہی پیغامِ قضا میرے لئے ہے
کہتے ہیں لوگ ہے رہِ ظلمات پر خطر
کچھ دشت کربلا سے سوا ہو تو جانیے
جب تک کہ دل سے محو نہ ہو کربلا کی یاد
ہم سے نہ ہو سکے گی اطاعت یزید کی
بیتاب کر رہی ہے تمنائے کربلا
یاد آ رہا ہے بادیہ پیمائے کربلا
بُنیادِ جبر و قہر اشارے میں ہل گئی
ہو جائے کاش پھر وہی ایمائے کربلا
روز ازل سے ہے یہی اک مقصدِ حیات
جائے گا سر کے ساتھ ہی سودائے کربلا
فرصت کسے خوشامدِ شمر و یزید سے
اب ادعائے پیروی پنجتن کہاں
ماتم شبیر ہے آمد مہدی تلک
قوم ابھی سوگوار دیکھیے کب تک رہے
ہم عیش دو روزہ کے بھی منکر نہیں لیکن

ایمائے شہ کرب وبلا اور ہی کچھ ہے
خود خضر کو شبیر کی اس تشنہ لبی سے
معلوم ہوا، آب بقا اور ہی کچھ ہے

لیکن اصل بات یہ ہے کہ ان سب تصورات کا منبع و ماخذ مولانا محمد علی جوہر کی پاکِ باطن اور نورِ ایمانی تھا۔ انگریز کے جبر و استبداد سے ان کے پائے استقلال میں کبھی لغزش نہیں آئی۔ بلکہ جس قدر ظلم و جور میں شدت ہوئی۔ مولانا کا جوشِ قربانی اور جذبۂ ایثار و شہادت اتنا ہی کھل کر سامنے آیا۔ مولانا نے قرآن حکیم کا درس شبلی سے علی گڑھ میں لیا تھا۔ اپنی ذہنی اور دینی تربیت کے ضمن میں اس کو انہوں نے ہمیشہ اہمیت دی۔ شہادت کے جذبۂ فراواں کا اصل سرچشمہ بھی ذات باری میں یقیں کامل تھا اور اسی سے انہوں نے خدمت خلق، خدمتِ ملت، اور خدمتِ وطن کو اپنا شعار بنایا تھا۔ مولانا کا دل جب نبوی ﷺ سے لبریز تھا۔ اکثر معلوم ہوتا ہے کہ اشعار نوک قلم سے بے اختیار ٹپک پڑے ہیں۔ ایسے اشعار اور جذبہ شہادت کے اشعار میں ایک خاص مناسبت ہے اور اکثر ایسے اشعار ساتھ ساتھ ایک ہی غزل میں واقع ہوئے ہیں اور کچھ غزلیں تو تمام و کمال اسی کیفیت کی ترجمانی کرتی ہیں اور ان میں جب نبویؐ اور جذبۂ شہادت گھل مل گئے ہیں۔

تشنہ لب ہوں مدتوں سے دیکھیے
اک درِ مے خانۂ کوثر کھلے
چاک کر سینے کو پہلو چیر ڈال
یوں ہی کچھ حالِ دل مضطر کھلے
لو وہ آ پہنچا جنون کا قافلہ
پاؤں زخمی خاک منہ پر سر کھلے

رونمائی کے لئے لایا ہوں جاں
اب تو شاید چہرۂ انور کھلے

تم یوں ہی سمجھنا کہ فنا میرے لئے ہے
پر غیب سے سامانِ بقا میرے لئے ہے
حُورانِ بہشتی کی طرف سے ہے بلاوا
لبیک کہ مقتل کا صِلا میرے لئے ہے
کیوں جان نہ دوں غم میں ترے جب کہ ابھی سے
ماتم یہ زمانے میں بپا میرے لئے ہے
سرخی میں نہیں دستِ حنابستہ بھی کچھ کم
پر شوخیِ خونِ شہدا میرے لئے ہے
کیوں ایسے نبی پر نہ فدا ہوں کہ جو فرمائے
اچھے تو سبھی کے ہیں برا میرے لئے ہے
اے شافعِ محشر جو کرے تو نہ شفاعت
پھر کون وہاں تیرے سوا میرے لئے ہے
اللہ کے رستے ہی میں موت آئے مسیحا
اکسیر یہی ایک دوا میرے لئے ہے

حب نبویؐ کی اسی کیفیت سے مولانا کا جذبہ شہادت اپنی روحانی غذا حاصل کرتا ہے۔ وہ دشتِ رہِ حق میں خود کو اکیلا نہیں سمجھتے بلکہ بطحا کے مہاجر کا نقشِ کفِ پا ہمیشہ ان کے حوصلوں کی بلندی کا باعث بنتا ہے۔ عاشقوں کے لئے دار ہی عین شفا ہے اور رسم وفا داری کا تقاضا یہی ہے کہ جان بچا کر نہ رکھی جائے۔ اس نظر سے دیکھیے تو مولانا کی شاعری

لہو رنگ نظر آتی ہے۔ وہ سر فروشی کے لئے ہمیشہ آمادہ رہے اور بالآخر انہوں نے وطن و قوم ہی کے لئے جان کھپا دی۔ سنہ 1931 میں جب وہ خرابی صحت اور احباب و اعزہ کے روکنے کے باوجود راؤنڈ ٹیبل کانفرنس کے لئے لندن گئے۔ تو انہوں نے غلام ملک میں واپس آنے پر مر جانے کو ترجیح دی اور وہیں جانِ جاں آفریں کو سپرد کر دی اور بیت المقدس میں دفن کئے گئے۔ وہ ایک سچے قائد اور جری مجاہد تھے۔ تاریخ میں جہاں وہ اپنے جوش و ولولے، عزم و استقلال، جرأت و بے باکی اور خدمت و ایثار کے لئے یاد رکھے جائیں گے۔ وہاں اردو شاعری میں وہ اپنے سخن کی دل نوازی اور جان کی پر سوزی کے لئے فراموش نہ کئے جاسکیں گے۔ انہوں نے غزل میں قومی و ملی جذبات سے ایک نئی معنوی جہت کا اضافہ کیا۔ ان کا شعری منظر نامہ جذبۂ شوق شہادت سے لالہ رنگ نظر آتا ہے۔ انہوں نے جوشِ تخلیق میں اس امیجری اور واقعہ کربلا اور منصور کے ملفوظی اور حسیاتی متعلقات کو نئے قومی اور سیاسی مفاہیم کے لئے برتا اور اس طرح اردو غزل کو نئے ذائقے سے آشنا کرایا۔ ان کی غزل کی زمین جذبۂ حریت کے خون کے چھینٹوں سے سرخ ہے۔ اس میں شہادت کا مژدہ بھی ہے اور اس حیات جاوداں کی بشارت بھی جو کسی اعلیٰ نصب العین کے لئے نقد جاں کو ہارنے اور سب کچھ ٹھکانے لگا دینے سے حاصل ہوتی ہے۔

* * *

کلاسیکی اردو شاعری میں طنز و مزاح کی روایت

ابوالکلام قاسمی

کلاسیکی اردو شاعری سنجیدہ، نیم سنجیدہ، طنزیہ، مزاحیہ یا دانش و حکمت پر مبنی اشعار کا ایک نگار خانہ ہے۔ اس نگار خانے میں موضوع کے تنوع کے ساتھ لہجے اور لسانی ہنر مندی کا ہر روپ اور ہر رنگ موجود ہے۔ اس لئے اپنے کلاسیکی شعری سرمایے کی بازیافت سے ہمیں ہر طرح کے اسالیب اظہار کا سراغ مل سکتا ہے۔ مگر اس شعری سرمایے کی کلیت بسا اوقات اس لئے معرضِ اشتباہ میں محسوس کی گئی کہ ہمارے تذکرہ نگاروں نے اپنے تاثراتی تنقیدی آرا کے ذریعہ کچھ ایسی استناد سازی کی کوشش کی تھی۔ جس کے باعث قدرے غیر سنجیدہ اور تفنن طبع پر مبنی ہلکی پھلکی شاعری کو سند اعتبار سے ساقط قرار دیے جانے پر زور دیا گیا۔ عام سماجی اور ثقافتی موضوعات کے برتاؤ میں عوامی انداز بیان اور اسالیب اظہار پر سوقیت سے لے کر ابتذال تک کے الزامات عائد کئے گئے۔ تاہم یہ بات کچھ کم غنیمت نہ تھی کہ اہم اور مستند شعراء کا شعری سرمایہ کبھی اس حد تک نظر انداز نہیں کیا گیا کہ اس کی اشاعت میں تسلسل باقی نہ رہتا۔ اتفاق یہ تھا کہ تذکروں کی اس نوع کی تنقیدی رائے زنی کو ادبی تاریخ نویسوں یا قدیم نقادوں نے اگر مسترد نہیں کیا تو اسے پوری طرح قبول بھی نہیں کیا۔ اس پس منظر کا نتیجہ یہ نکلا کہ جن کلاسیکی اصناف شاعری کی توسیع کا سلسلہ جاری رہا وہ بڑی حد تک غزل کی روایت یا پھر جزوی طور پر

قصیدے، مرثیے اور مثنوی کی روایت تھی۔ قصیدے کی صنف میں سوائے تشبیب کے دو سرے تمام اجزا کو تقریباً بھلا دیا گیا۔ مرثیہ بڑی حد تک مذہبی حوالوں کے سبب، اور کسی حد تک فنی صنعت گری کے باعث زندہ رہا اور مثنویوں میں سے محض معدودے چند کو یاد رکھا گیا اور بیش تر پر روایتی بیانیہ اور سپاٹ پن کا اعتراض عائد رہا۔

اس صورت حال میں سب سے اہم سوال یہ قائم کیا جاسکتا ہے کہ شہر آشوب، ہجویہ نظموں، واسوخت اور اَن گنت موضوعاتی نظموں کی معنویت کا تعین آج کی بدلی ہوئی صورت حال اور خاصے تبدیل شدہ شعری مذاق کے زمانے میں کیوں کر کیا جا سکتا ہے۔ اس میں کوئی شک نہیں کہ نظر انداز کی جانے والی اصناف میں ریختی بھی تھی اور ایہام گوئی بھی۔ مگر ان کی اہمیت چوں کہ زمانی اور وقتی تھی، اس لئے امتدادِ وقت کے ساتھ ان کا از کار رفتہ قرار دیا جانا کچھ فطری بھی نہیں معلوم ہوتا۔ ان اصناف کے مابین شہر آشوب کی اہمیت بہ ظاہر اس کی سماجی اور ثقافتی معنویت کے سبب غیر معمولی تھی۔ مگر اس صنف میں متعدد سادہ، زود فہم اور ہلکے پھلکے نمونے پوری صنف کے ہی نظر انداز کر نے کی بنیاد بن گئے۔ جب کہ شہر آشوب میں شاعر کے عہد کا جو المیاتی پہلو محفوظ ہو گیا ہے وہ ایک طرف جذبات نگاری کی عمدہ مثال ہے اور دوسری طرف ان میں اس عہد کی مصیبت زدہ خلقت کے اجتماعی درد کو تفنن اور تضحیک کے انداز میں گوارہ بنانے کی کوشش کی گئی ہے۔ پھر شہر آشوب کی صنف کے لئے چوں کہ کسی ہیئت کی قید نہ تھی اس لئے گویا اس میں ہر انداز بیان اور ہر طرح کی عروضی گنجائش موجود تھی۔ یہی حال کم و بیش ہجویہ، قصائد اور نظموں کا رہا کہ ان کے وسیلے سے دانش و بینش پر مبنی طنز اور ہجو ملیح کی اَن گنت شکلیں سامنے آسکیں۔ غزل کی صنف میں ایمائی اور مزیہ اسلوب کے طفیل ہر طرح کے موضوعات کو قبول کیا جاتا رہا اور الطاف حسین حالی کے اس اعتراض کے با

وجود کہ اس میں علماء فضلا اور بعض مذہبی نمائندوں کو طنز کا نشانہ بنایا گیا ہے۔ واعظ، زاہد، رسمیت پسند ملا یا رقیب کے ساتھ تمسخر کا انداز نہ صرف برقرار رکھا گیا بلکہ مقبول بھی رہا۔ اس لئے کہ اس طنزیہ اور ہجویہ انداز کو مسترد کرنا بحیثیت مجموعی غزلیہ اظہار کو مسترد کرنے کے مترادف ہوتا ہے۔

ہمارے کلاسیکی شعری سرمایے کے استحکام میں سب سے پہلے امیر خسرو اور ان کے بعد میر جعفری زٹلی، سودا، قائم، حاتم، جرائ ت اور نظیر اکبر آبادی کے طنزیہ و مزاحیہ انداز تکلم کو ہر زمانے کی تنقید نے اگر پوری طرح مسترد نہیں کیا تو اس کی بازیافت کی کوشش بھی برائے نام ہی کی گئی۔ تاہم امتدادِ وقت کے ساتھ کچھ تو ترقی پسند تحریک کی غیر طبقاتی درجہ بندی کے باعث اور ادھر نئی تھیوری کے زیر اثر سماجی اور ثقافتی شعور کی اہمیت کے سبب اپنے پورے شعری سرمایے کی قدر و قیمت کے نئے سرے سے متعین کرنے کی راہ ہموار ہوئی ہے۔

معاصر ظریفانہ اور مزاحیہ شاعری میں جس نوع کی سطحیت سے ہمارا سامنا ہے اس میں ایک طرف تو ذہانت اور طباعی برائے نام ملتی ہے تو دوسری طرف شعری ہنرمندی کا فقدان ہے۔ ایسا محسوس ہوتا ہے، گویا تہہ داری، تحت البیان اور بالیدہ حِس مزاح، سے معاصر مزاحیہ شاعری لاتعلق ہو کر رہ گئی ہے۔ اس صورت حال میں ضرورت اس بات کی ہے کہ اپنے روایتی شعری آموختہ کو اس کے پورے سیاق و سباق کے ساتھ یاد کرنے کی طرف توجہ مبذول کی جائے تاکہ رائج الوقت طنزیہ اور مزاحیہ شاعری کا روایتی تناظر ہمارے سامنے آسکے اور ہمیں اس انداز و اسلوب کے امکانات کو بخوبی محسوس کرنے اور اپنی حیثیت کا اندازہ لگانے کا موقع مل سکے۔

طنز کو Satire کے معنوں میں استعمال کیا جائے یا ہجو ملیح اور آئرنی کے معنوں میں،

دونوں کے لئے مقصدیت اور اصلاح کی خواہش لازمی عناصر ہیں۔ اگر طنز و ظرافت میں مقصدیت کا فقدان ہو تو وہ محض تضحیک، تمسخر اور پھکڑ پن بن کر رہ جاتا ہے۔ قرۃ العین حیدر نے ایک جگہ پتے کی بات لکھی ہے کہ 'کلاسیکی اردو شاعری کی ایک انفرادیت یہ بھی تھی کہ ہم اس سے یہ سیکھ سکتے ہیں کہ طنز و مزاح کو بھی نہایت لطیف اور مہذب پیرایے کے وسیلے سے ادب عالیہ کا حصہ کیوں کر بنایا جا سکتا ہے۔' اردو کے قدیم اساتذۂ شعر کو روایت کے طور پر فارسی کے نمائندہ شعرا مثلاً حافظ، انوری یا سعدی کے شعری نمونے ملے تھے۔ اس روایت میں طنز و ظرافت کے بعض ایسے نمونے بھی موجود تھے۔

واعظاں کیں جلوہ بر محراب و منبر می کنند
چوں بہ خلوت می روند آں کار دیگر می کنند
اے کبک خوش خرام کجا می روی بہ ناز
غرہ مشو کہ گربۂ عاجز نماز کرد۔ (حافظ)

یا بقول سعدی:۔

چناں قحط سالے شد اندر دمشق
کہ یاراں فراموش کردند عشق

تو اس پس منظر میں ہمیں اپنے کلاسیکی شاعروں کا یہ لب و لہجہ بہت چونکانے والا نہیں لگتا۔

شیخ جو ہے مسجد میں ننگا، رات کو تھا میخانے میں
جبہ، خرقہ، کرتا، ٹوپی مستی میں انعام کیا (میر)
تقوٰی کا اس کے موسم گل نے کیا یہ رنگ
زاہد کو خانقاہ سے مے خانہ لے گیا (سودا)

گیا ہو جب اپنا ہی جیوڑا نکل
کہاں کی رباعی کہاں کی غزل (میر حسن)

اس روایت کی حامل شاعری میں وسیع المشربی، لہجے کے تنوع اور رنگا رنگی کا بخوبی اندازہ لگایا جاسکتا ہے۔ اس رنگارنگی میں طنز کے عصر نے عالمی تنقید کے معاصر منظر نامے کے سبب بھی بڑی اہمیت حاصل کر لی ہے۔ شاید اس وضاحت کی چنداں ضرورت نہیں کہ نئی انگریزی تنقید میں طنز اور پیراڈوکس کو قریب قریب علامتوں جیسی اہمیت حاصل ہے۔ جس طرح علامت سے اس کی مناسبات کے وسیلے سے معنویت کا استخراج کیا جاسکتا ہے کم و بیش، طنز اور پیراڈوکس میں تضاد اور تناقض کی بنیاد پر معنوی تہہ داری پیدا ہو جاتی ہے۔ شکاگو اسکول کے روبرٹ پین وارن اور کینتھ بروکس نے ان دونوں شعری تدبیروں کو مزید مزیت کا حامل قرار دیا ہے۔ یہی سبب ہے کہ کلاسیکی شاعری کی ہجو نگاری کو ہم آج کی طنزیہ شاعری کے نعم البدل کا نام دے سکتے ہیں۔ یوں تو تنقیدی نظریے آتے اور جاتے رہتے ہیں۔ مگر طنز و مزاح کا کوئی اسلوب اگر فنی ہنر مندی کے باعث معنوی امکانات کی غمازی کرتا ہے تو اس کی قدر و قیمت کو نئے سیاق و سباق میں متعین کرنے کی ضرورت سے نظر انداز نہیں ہونا چاہیے۔

ہماری کلاسیکی شاعری میں جعفر زٹلی ایک معتوب شاعر رہے ہیں مگر ان کی سادہ، عام فہم اور ہلکی پھلکی نظموں تک میں بیانیہ شاعری کے شانہ بہ شانہ شعری بیانیوں کی افراط ملتی ہے۔ ان کا ایک قطعہ 'دربیان نوکری' ہے۔ جن کے بعض اشعار دیکھئے تو پتہ چلتا ہے کہ اس کی ردیف 'یہ نوکری کا خط ہے' سے ہر جگہ نوکری سے بد خط ہونے کے مفہوم مخالف کو نمایاں کیا گیا ہے۔ ظاہر ہے کہ طنز کے ذریعہ مفہوم مخالف کا استخراج دراصل معکوس علامتی طریق کار کے علاوہ اور کچھ نہیں۔

پشنون بیان نوکری، جب گانٹھ ہووے کھر کھری
تب بھول جاوے چوکری یہ نوکری کا خط ہے
ہر روز اُٹھ مجرا کریں، درکار اک سو گر پڑیں
بے شرم ایسے لڑ پڑیں، یہ نوکری کا حظ ہے
صاحب عجب بیداد ہے، محنت ہمہ برباد ہے
اے دوستاں فریاد ہے، یہ نوکری کا حظ ہے
ہم نام کو اسوار ہیں، روزگار سیں بیزار ہیں۔
یارو ہمیشہ خوار ہیں، یہ نوکری کا حظ ہے

ان تمام شعروں میں استفہام انکاری کی منطق سے کام لے کر طنز کی تخلیق کی گئی ہے۔ مگر جہاں جہاں جعفر زٹلی کی نظموں میں خالص بیانیہ انداز بھی ملتا ہے وہاں بھی وہ اس کو بیان محض بنانے کے بجائے ثقافت کا ایسا پس منظر تیار کرتے ہیں کہ تہذیبی اور سماجی نکبت وادبار ایک تاریخی اور ثقافیہ بیانیہ میں تبدیل ہو جاتا ہے۔ مثلاً زمانۂ ناہنجار پر ان کی نظم کے بعض شعر دیکھئے۔

ہنر مندان ہر جائی، پھریں دردر بہ رسوائی
رذل قوموں کی بن آئی عجب یہ دور آیا ہے
نہ بولے راستی کوئی، عمر سب جھوٹ میں کھوئی
اُتاری شرم کی لوئی عجب یہ دور آیا ہے
خصم کو جورو اٹھ مارے، گریباں باپ کا پھاڑے
زنوں سے مرد بھی ہارے عجب یہ دور آیا ہے
دغل کرتے پھریں دُغلے، چغل کرتے پھریں چغلے

شغل کرتے پھریں شغلے، عجب یہ دور آیا ہے

کم و بیش یہی انداز اور یہی ثقافتی متن سازی ہمیں ظہور الدین حاتم کے مخمس میں بھی ملتی ہے۔

تو کھول چشم دل اور دیکھ قدرتِ حق یار
کہ جن نے ارض و سما، اور کیا ہے لیل و نہار
نہ کھو تو عمر کو غفلت میں ٹک تو ہو ہشیار
کہ دور بارہ صدی کا ہے سخت کج رفتار
جہاں کے باغ میں یکساں ہے اب خزاں و بہار
حرام خور جو تھے اب حلال خور ہوئے
جو چور تھے سو ہوئے شاہ، شاہ چور ہوئے
جو زیر دست تھے سو ان دنوں میں زور ہوئے
جنھوں کو زور تھا سو اب مثال مور ہوئے

زٹلی اور انشاء اللہ خان انشاء کے کلام کے متوازی اگر نظیر اکبر آبادی کی نظموں کو رکھا جائے تو اندازہ ہوتا ہے کہ نظیر کے کلام میں ظاہری بیانیہ کی تہہ میں اجتماع النقیضین اور پیراڈوکس کی کچھ ایسی شدت موجود ہے کہ کائنات میں موجود تناقضات اور تضادات اپنی داخلی جدلیات کے ذریعہ ایک تہہ نشین، عبرت خیز اور تحیر آمیز صورت حال کو بھی ہم پر منکشف کرتے رہتے ہیں۔ اس ضمن میں نظیر کی مشہور نظم 'دُنیاؤں کے تماشے' کو دیکھا جا سکتا ہے۔

زباں ہے جس کی اشارت سے وہ وپکارے ہے
جو گونگا ہے وہ کھڑا فارسی بگھارے ہے

کلاہ ہنس کی کوا کھڑا اُتارے ہے
اُچھل کے مینڈ کی ہاتھی کو لات مارے ہے
غرض میں کیا کہوں دُنیا بھی کیا تماشا ہے
جو ہیں نجیب نسب کے وہ بندے چیلے ہیں
کمینے اپنی بڑھی ذات کے نویلے ہیں
جو باز شکرے ہیں، پاپڑ کھڑے وہ بیلے ہیں
مگھڑ تو مر گئے، اُلو شکار کھیلے ہیں
غرض میں کیا کہوں دُنیا بھی کیا تماشا ہے

یا اسی طرح ان کی پوری نظم 'آدمی نامہ' انسانی خصلت کے خوب و زشت یا سیاہ و سفید کا ایسا تقابلی نقشہ پیش کرتی ہے کہ Paradoxical Situation کے باعث محیر العقول، قرار واقعی بن جاتی ہے۔

مسجد بھی آدمی نے بنائی ہے یامیاں
بنتے ہیں آدمی ہی امام اور خطبہ خواں
پڑھتے ہیں آدمی ہی قرآن اور نماز، یاں
اور آدمی ہی ان کی چراتے ہیں جوتیاں
جو ان کو تاڑتا ہے سو ہے وہ بھی آدمی

اس پوری نظم کی خارجی ساعت سنجید گی پر مبنی ہے مگر اس کی داخلی بافت میں موجود بعض فطری تضادات کے سبب تقریباً ہر بند میں ہمیں کسی نہ کسی عبرت انگیز احساس سے دور ہونا پڑتا ہے۔

طنزیہ اور مزاحیہ موضوعات میں ندرت اور طباعی اور ان کے بیان میں اسالیب کا

تنوع اگر ایک جگہ کسی ایک شاعر کی ہجویات اور شہر آشوب میں تلاش کیا جاسکتا ہے تو وہ مرزا محمد رفیع سودا ہیں۔ بعض نقادوں نے سودا کے یہاں ذاتی پرخاش پر مبنی نظموں سے انکار کیا ہے مگر میر ضاحک، ندرت کاشمیری اور مولوی سجاد جیسے شرفاء پر ان کی نظمیں اس کی تردید کرتی ہیں۔ تاہم اس حقیقت کو تسلیم کرنے کی ضرورت ہے کہ ان کی اس نوع کی شخصی ہجویں بھی تعمیمی صورت حال میں بدل جاتی ہیں۔ اس طرح ان کے یہاں اشخاص بھی علی العموم سماج کے نمائندے بن کر اُبھرتے ہیں۔ ویسے اشخاص سے متعلق چند نظموں سے الگ سودا کا غالب ہجویہ لہجہ در حقیقت ثقافتی ادبار کا منظر نامہ کچھ ایسے محاکاتی انداز میں پیش کرتا ہے کہ ظاہری طنز اور تضحیک میں بھی شعور کی ایسی بلوغت ملتی ہے جو حسن و قبح یا خیر و شر یا بہ الفاظ دگر اقدار کے شدید بحران کے رد عمل کے علاوہ اور کچھ نہیں۔ ان کا ناقابل فراموش 'شہر آشوب'، 'مخمس درویرانیِ شاہ جہاں آباد' کے بعض بند، اس کا اندازہ لگانے میں معاون ہوسکتے ہیں۔

کہاں میں آج یہ سودا سے کیوں توڈانواڈول
پھرے ہے، جاکہیں نوکر ہولے کے گھوڑا مول
لگا وہ کہنے کہ اس کے جواب میں دوبول
جو میں کہوں گا تو سمجھے گا تو کہ ہے یہ ٹھٹھول
بتا کہ نوکری ملتی ہے دھیریوں یا تول
یہ باغ کھا گئی کس کی نظر نہیں معلوم
نہ جانے کس نے رکھایاں قدم وکون تھاشوم
جہاں تھے سرو صنوبر وہاں اُگے ہیں زقوم
مچے ہے زاغ و زغن سے اب اس چمن میں دھوم

گلوں کے ساتھ جہاں بلبلیں کریں تھی کلوم
وہ نوکر اب جسے آقا ہر آن پہچانے
جو پوچھوں اس سے کہ تم روپیہ لگے پانے
کہے ہے آہ وہ بھر کر سوائے آٹھ آنے
روپے کی شکل نہیں دیکھی ہے، خدا جانے
کہ اس زمانے میں چپٹا بنے ہے یا وہ گول

اس آخری بند میں آٹھ آنے سے واقف افلاس زدہ کے لئے پورے روپے کی ساخت تک کس قدر اجنبی ہے کہ ایک المیاتی صورت حال اور رقت کی آخری حدوں کو چھو لیتی ہے۔ شہر آشوب کے ساتھ سودا کی طباعی ان کی ہجو تک میں طبعی ظرافت کے ساتھ مضمون آفرینی کے گل بوٹے بھی کھلا دیتی ہے۔ اس سلسلے میں ان کی مشہور زمانہ ہجو 'تضحیک روزگار' کا نام لیا جا سکتا ہے۔ اس میں دراصل ایک گھوڑے کی ہجو کے وسیلے سے اپنے زمانے کی بدحالی کا نقشہ کھینچا گیا ہے۔ سودا کے شعری عمل کے پس منظر سے واقف لوگوں کو معلوم ہے کہ ان کے قصائد پر ہی نہیں ہجویات پر بھی فارسی کے نمائندہ قصیدہ گو انوری اور خاقانی کے اثرات ملتے ہیں۔ اتفاق سے انوری نے بھی ایک گھوڑے کی ہجو لکھی تھی، اگر انوری کے دو ایک شعر بھی سامنے ہوں تو اندازہ ہو جاتا ہے کہ سودا نے انوری سے کس حد تک کسب فیض کیا ہے اور کیسے وہ نکتہ آفرینی اور مضمون بندی میں جگہ جگہ انوری پر بھی سبقت لے جاتے ہیں۔ انوری کی ہجو اسپ کچھ اس طرح ہے:

راضی نہ شد بداں کہ پیادہ شوم ازو
از فرط ضعف خواست کہ بر من شود سوار
نے از غبار خواستہ بیرون شد بہ زور

نے از زمین خستہ برانگیختے غبار

مگر سودا اپنی ہجو میں اس پر ایک پہلو کا بہت نازک اضافہ کرتے ہیں:۔

مانند اسپ کانۂ شطرنج اپنے پاؤں
جز دست غیر کے نہیں چلتا ہے زینہار
مانند نقش نعل، زمیں سے بہ جُز فنا
ہر گز نہ اُٹھ سکے وہ اگر بیٹھے ایک بار

دونوں نمونوں میں مبالغہ ہی نہیں غلو بھی ہے مگر سودا کے یہاں یہ غلو مضمون آفرینی کا وسیلہ بن جاتا ہے۔ سودا کی ہجو کا گھوڑا کچھ ایسا سست رفتار ہے کہ جب ایک بار بار ات کے لئے اس کو مستعار لیا گیا۔ اور اس پر نو خیز، سبزہ خط کا مالک دولہا سوار ہو کر دلہن کے گھر تک پہنچا تو اس پر کئی زمانے گزر چکے تھے۔ اصل اشعار آپ بھی ملاحظہ کیجئے:۔

اک دن گیا تھا مانگنے وہ گھوڑا برات میں
دولہا جو بیاہنے کو چلا اس پہ ہو سوار
سبزے سے خط سیاہ، سیہ سے ہوا سفید
تھا سرو سا جو قد، سو ہوا شاخ بار دار
پہنچا غرض عروس کے گھر تک وہ نوجوان
شیخونیت کے درجے سے کر اس طرف گزار

اس سلسلے میں اہم بات یہ ہے کہ سودا نے اپنی ہجوؤں اور شہر آشوبوں میں بھی کم و بیش اسی طرح کی شعری تدبیروں کا استعمال کیا ہے جس طرح کی ہنر مندی ان کے قصائد میں دیکھنے کو ملتی ہے۔ ان کی ہجوؤں میں محاکات کا رنگ خاصا غالب ہے۔ اسلوب بیان کی ندرت بھی ہے اور فنی نزاکتوں کو بھی ڈکشن کا حصہ بنایا گیا ہے۔ شاید اسی باعث ان کی

ہجویں آج کی بدلی ہوئی سماجی اور معاشرتی صورت حال میں بھی خاصی با معنی معلوم ہوتی ہیں۔

سودا کے بر خلاف یوں تو انشا اور مصحفی کے ادبی اور شعری معرکوں میں بھی طنز و تمسخر، سے ہمارا سامنا ہوتا ہے۔ مگر انشاء کی نظموں میں سودا جیسی تحت البیانی تقریباً مفقود ہے، یا ان کا اکہرا انداز ان کے طنز تک کو مزاح یا تفنن سے آگے نہیں بڑھنے دیتا انشاء نے شیخ صاحب پر ایک ہجو کہی تھی جس سے اس بات کی تصدیق ہوتی ہے۔

مزے خوب لوٹو گے کیوں، شیخ صاحب
ملیں گے بہشت بریں میں اگر پر
زمرد کی اک چونچ ہو گی بڑی سی
کہ مارو گے ٹھونگ اس سے ہر ہر ثمر پر
پڑے اُڑتے پھریے گا جوں کالا کوا
کبھی اس شجر پر کبھی اس شجر پر

اگر چہ انشاء کی اس نوع کی محدود معنویت کی ہجوؤں کو مقبولیت نہ مل سکی، مگر مصحفی کے ساتھ ان کے شعری معرکے کی بعض مثالیں اب بھی ہمارے اجتماعی حافظے میں محفوظ ہیں۔ جس میں گردن، کی ردیف کے استعمال کو قدرت کلام کا ثبوت بنانے کی کوشش کی گئی تھی۔

انشاء نے کہا تھا

توڑوں گا خمِ بادۂ انگور کی گردن
رکھ دوں گا وہاں کاٹ کے ایک حور کی گردن

مصحفی نے کہا۔

گردن کی صراحی کے لئے وضع ہے ناداں
بے جا ہے خمِ بادۂ انگور کی گردن
پھر انشا نے کہا:۔
اے دیو سفید سحری کاش تو توڑے
اک مکے سے جو رِ شب دیجور کی گردن
تو مصحفی بھی چپ نہیں رہے:۔
جو گردنیں باندھی ہیں وہ لا تجھ کو دکھادوں
تو مجھ کو دکھادے شب دیجور کی گردن

تاہم ادبی معرکہ آرائیوں اور شاعرانہ کرتبوں سے الگ 'شہر آشوب' کی سماجی اور ثقافتی معنویت کا سلسلہ انیسویں صدی کی شاعری میں دور تک پھیلا رہا، یہ معنویت ہی صحیح معنوں میں اقدار کے ابتذال اور آدرشوں کی شکست وریخت کا شعری آئینہ بن جاتا ہے۔ یہی انداز ہمیں قائم چاندپوری کے ایک شہر آشوب میں بھی ملتا ہے۔ جس میں شاعری کے طنز و تمسخر اور تنقید سے کہیں زیادہ نمایاں اس کے انقلابی اور باغیانہ تیور ہیں۔ جو نہ صرف، یہ کہ معاصر صورت حال سے کسی مفاہمت کو تیار نہیں بلکہ اس میں تبدیلی اور تقلیب کے محرکات بھی موجود ہیں:

کیسا یہ شہ کہ ظلم یہ پس کی نگاہ ہے
ہاتھوں سے اس کے ایک جہاں داد خواہ ہے
لُچا ایک آپ، ساتھ لٹیری سپاہ ہے
ناموس سایے میں اس کے تباہ ہے
شیطان کا یہ ظل ہے نہ ظل اللہ ہے

رہتی ہے ایک خلق کے جی میں یہ آرزو
ہووے گا بادشاہ بھی پھر ہند میں کبھو
تا زمزمہ وہی ہوں، سر نوئی غلو
سو آسماں نے لا کے مسلط کیا تو، تو
جس کے ستم سے چار طرف آہ آہ ہے

تاہم ریختی، ایہام گوئی، ہزل اور کرتب بازی کے اَن گنت نمونے جو کلاسیکی اردو شاعری میں موجود ہیں۔ ان میں اسی طرح طباعی، فنی ہنرمندی اور تحت البیانی کی کیفیت کا فقدان ہے۔ جس طرح ہمارے معاصر طنزیہ اور مزاحیہ شاعری کی صورت حال میں۔ لیکن زمانہ کلاسیکی رہا ہو یا جدید، غزل کی صنف کو شروع سے ہی یہ امتیاز حاصل رہا کہ اس میں ہر طرح کے موضوع اور ہر لہجے کی گنجائش موجود رہی۔ جیسا کہ ابتداء میں عرض کیا جا چکا ہے کہ غزل کی اس تخلیقی اور صنفی قوت کے سبب اس صنف میں موجود طنز و تمسخر کے ساتھ، تفنن اور تضحیک کے تمام اسالیب کو قبول کیا جاتا رہا۔ اگر یہ صنف موضوعاتی اور اسلوبیاتی اعتبار سے ریختی یا ہزل محض کی پستی کو نہ پہنچی ہوتی تو اس کی رمزیت اور صنفی تہہ داری ہر مضمون میں تعبیر یا معنی آفرینی کا امکان ضرور رکھتی۔ یوں تو حاتم اور یقین سے لے کر میر تقی میر، سودا، قائم انشاء اور جرأت و مصحفی تک کے یہاں غزل میں طنز و ظرافت کے عناصر ملتے ہیں۔ مگر ایک ایسا شاعر اس ضمن میں بھی دانش ورانہ اور فن کارانہ طنز اور خود تنقیدی کے نقطۂ عروج پر نظر آتا ہے جو اپنی ہر طرح کی شاعری میں ممتاز و منفرد ہے۔ اگر وہ یہ کہتا ہے کہ:

ہمارے شعر ہیں اب صرف دل لگی کے اسد
کھلا کہ فائدہ عرض ہنر میں خاک نہیں

تو اس کو بھی اس کی پوری طرح پذیرائی اور تفہیم کے فقدان کے شکوے کے علاوہ کچھ اور نہیں پتہ چلتا۔ عرضِ ہنر چوں کہ مرزا غالب کا مرکزی مسئلہ ہے اس لئے جس موضوع اور جس اسلوب میں بھی وہ اپنا اظہار کرتے ہیں۔ ہنر مندی اور شاعرانہ تدبیر کاری ان کا سب سے بڑا ہتھیار ہوتی ہے۔ وہ ہلکے پھلکے انداز میں جب اس طرح کے اشعار کہتے ہیں کہ:۔

مگر لکھوائے کوئی اس کو خط تو مجھ سے لکھوائے

ہوئی صبح اور گھر سے کان پر رکھ کر قلم نکلے

ایسی جنت کو کیا کرے کوئی

جس میں لاکھوں برس کی حوریں ہوں

مسجد کے زیر سایہ اک گھر بنالیا ہے یہ

بندۂ کمینہ ہم سایۂ خدا ہے

تو وہ کہیں مسلمات پر سوال قائم کرتے ہیں، کہیں عرفان ذات کا ثبوت دیتے ہیں اور کہیں رقابت کے سارے اندیشوں کے باوجود عشق کی نیاز میں سر تسلیم خم کیے رہتے ہیں۔ تاہم اس نوع کے ہلکے پھلکے طنز و مزاح کے ساتھ مرزا اپنی غزلوں کے ایک بڑے حصے میں نہایت اعلیٰ درجے کا دانش ورانہ طنز، سوال قائم کرنے کی کیفیت اور مسلمات سے انحراف کرنے کے رویے کا اظہار کرتے ہیں۔

سیکھے ہیں مہ رُخوں کے لئے ہم مصوری

تقریب کچھ تو بہر ملاقات چاہیے

بہرا ہوں مجھ کو چاہیے دونا ہو التفات

سنتا نہیں ہوں بات مکرر کہے بغیر

مر گیا صدمۂ یک جنبش سے غالب
ناتوانی سے حریف دم عیسیٰ نہ ہوا

یہ تمام طنزیہ لہجے غزل کی اپنی روایت کا حصہ ہیں، جن میں کہیں طنز ہے کہیں خود تنقیدی ہے اور کہیں طنز کے علامتی تناقض کے وسیلے سے معنی کے فشار کی کیفیت، مگر زبان کا غیر معمولی طور پر محتاط رویہ ان اشعار کی سطح کو کہیں کم تر نہیں ہونے دیتا۔

***

اکتشافی تنقید کا تفاعل

حامدی کاشمیری

اپنی صد سالہ روایت کے باوجود، اردو تنقید آج بھی ایک سوالیہ نشان بن کر سامنے آتی ہے اور اس کے تفاعل اور ضرورت کے بارے میں بے اطمینانی میں تخفیف واقع نہیں ہو رہی ہے۔ حالی نے لکھنوی روایتی شاعری کے خلاف ردعمل کے طور پر اور سرسید کی اصلاحی تحریک کے زیر اثر، مقدمۂ شعر و شاعری میں شاعری کے سماجی، اصلاحی اور اخلاقی مقاصد پر زور دیا اور ایسا کرتے ہوئے اپنے استاد اور نابغۂ روزگار غالب کی تخلیقیت سے معمور شعریات سے انحراف کیا۔ یہ انحراف اردو تنقید کے لئے بہت مہنگا پڑا۔ کیونکہ حالیؔ کے پیروکاروں نے تنقید کے اسی افادی نقطۂ نظر کو حرز جاں بتایا۔ اور تنقید کا کام یہ ٹھہرایا کہ شاعری کے علامتی کردار سے صرف نظر کر کے چند گنے چنے سماجی، سوانحی اور تاریخی موضوعات کی نشاندہی کی جائے۔ شاعری کا یہ مقصدی کردار اقبالؔ جیسے غیر معمولی تخلیقی، شاعر کے یہاں بھی کئی مقامات پر نمودار ہوتا ہے اور پھر مارکسی نظریے نے تو تنقید کو ادبی منصب سے معزول کر کے اسے طے کردہ سماجی اور سیاسی موضوعات کی نشاندہی کے سماجی کام پر مامور کیا اور جو ادب اس کا متحمل نہ ہو سکا۔ اسے رجعت پسندانہ کہہ کر مسترد کر دیا مارکسی نظریۂ تنقید کی یہ خود ساختہ تاویل اردو کے نقادوں کی ہی ایجاد تھی۔ ورنہ مغرب کے مارکسی نقادوں نے بالعموم اپنی حدود میں رہ کر بھی وسیع النظری کا

ثبوت دیا ہے۔ یہی حال کم و بیش اُن نظریات نقد مثلاً نفسیاتی، تاثراتی اور تمدنی نظریات کا بھی رہا۔ جو مارکسی تنقید کی ہی مانند مغرب سے ماخوذ تھے۔ اور جن کو اُردو کے نقادوں نے اپنے علمی استوار اور ادراک کے مطابق برتا، رچرڈس، رین سم اور بروکس کے زیر اثر جن اردو نقادوں نے ہیئتی تنقید کے نمونے پیش کئے۔ وہ تخلیق کو مصنف سے آزاد کرانے اور اس کے خود کفیل وجود پر اصرار کرنے کے باوجود اس کے حرف و پیکر سے اخذ معانی کے رویے سے دستبر دار نہ ہوئے۔ یہی حال لسانیاتی تنقید کا بھی ہے وہ بھی قدر سنجی کے بجائے تشریح معنی کو اپنا مطمح نظر بناتی ہے۔ اسلوبیاتی تنقید ہوتی صوتی اور نحور سطحوں پر تخلیق کے معانی کی تعین میں دلچسپی لیتی رہی۔

بہر کیف، اردو تنقید کے مروجہ نظریات فی الجملہ تخلیق سے برابر یہ مطالبہ کرتے رہے ہیں کہ وہ مصنف کی شخصی زندگی کو پیش کرے۔ یا اس کے معاشرتی، عصری اور تاریخی واقعات و حالات سے متعلق معلومات فراہم کرے اور یہی تنقید کا تفاعل قرار پایا۔ اور نقاد تجزیہ و تحلیل سے کام لے کر اسی مقصد کی تکمیل میں مصروف رہے۔ یہاں تک کہ اگر تخلیق کے لسانیاتی اور ہئیتی عناصر کی دیدہ ریزی کر کے بھی تجزیہ کیا گیا ہو۔ پھر بھی منتہائے مقصد معنی مطلب ہی کو نشان زد کرنا ٹھہرا ہے۔

قبل اس کے کہ اس نوع کے تنقیدی عمل سے تعرض کیا جائے۔ فن کے حوالے سے اس کی پیچیدگی پر ایک نظر ڈالنا ضروری ہے۔ ایک بڑی پیچیدگی اس وقت پیدا ہوتی ہے جب فن کو متعینہ موضوع یا معنی کی ترسیل کا ذریعہ قرار دیا جائے۔ کیونکہ اس صورت میں شعر ہو یا فکشن مقررہ ہیئتی عادات اور مخصوص لسانی عمل کے باوصف مقصد براری کے پیش نظر اصلاحی (Informatory) نثر کے ہم سطح ہو کے رہ جاتا ہے۔ اگر شعر سے سوانحی حالات یا معاشرتی مافیہ کا علم ہی مطلوب ہے۔ تو اس کے ہیئتی اجزاء اور لسانیاتی

ترتیب یعنی بحر، قافیہ، ردیف، آہنگ، لہجہ اور استعارہ و علامت کی موجودگی کا کیا جواز ہے ؟ تخلیق سے معنی و مطلب کے استخراج پر اصرار کرنے سے اس کے تخلیقی کردار کی کیا صورت باقی رہتی ہے ؟ ایک اور الجھن یہ ہے کہ اگر فن تاریخی یا عمرانی حقائق کی ترجمانی کا کام کرتا ہے، تو تعین قدر کا امکان کیا ہے، اگر دو شاعر ایک ہی نظریہ کے تحت اپنے کلام میں معاشرتی مسائل کی عکاسی کریں۔ تو اُن کی قدر سنجی کا مسئلہ کیونکہ حل ہو گا۔ یعنی اگر فن موضوعیت ٹھہرا، تو مخدوم محی الدین اور نیاز حیدر، جو مارکسی نظریے کے شاعر ہیں، کی قدر شناسی کیونکر ممکن ہو گی ؟ مزید برآں، موضوعیت پر اصرار منطقی طور پر فن کو موضوع اور ہیئت میں منقسم کرنے کے مترادف ہے، سوال یہ ہے کہ کیا موضوع اور ہیئت کو الگ الگ کیا جا سکتا ہے ؟ اگر ایسا کیا گیا تو فن کی سالمیت اور استفاد کا تحفظ کیونکر ممکن ہے ؟

یہ سارے پیچیدہ سوالات اردو میں مستعمل نظریات نقد کے پیدا کردہ ہیں، لیکن تعجب ہے کہ نقاد حضرات کے کانوں تک اِن سوالات کی آہٹ بھی پہنچ نہیں پاتی، یا تو یہ سوالات اُن کے سروں پر سے گزر جاتے ہیں۔ یا اپنے نظریات سے وفاداری اُن کو حقائق کا سامنا کرنے سے محروم کر چکی ہے۔

یہ بات بدیہی ہے کہ مختلف شعبہ ہائے فکر انسان کے ذہنی اور فکری میلانات اور عوامل کے تحت حقائق کی تلاش و تعین کرتے ہیں، اور لوگوں کے علم میں توسیع کا سبب بنتے ہیں۔ جہاں تک فن کا تعلق ہے یہ انسان کے ذہنی اور فکری عمل کے ساتھ ساتھ اس کے نفسیاتی، شعوری اور لاشعوری محرکات کی وحدت پذیرائی سے تخلیقی توانائی میں ڈھل کر یا تو خارجی حقیقت کی تقلیب پر منتج ہوتا ہے۔ یا نادیدہ اور اجنبی حقیقت کو خلق کرتا ہے۔ اور انسانی آگہی میں شدت اور جمالیاتی تسکین کا باعث بنتا ہے۔

فنکار کی غیر معمولی تخلیقی قوتیں اس کے ذریعہ اظہار (میڈیم) میں متشکل ہو جاتی ہیں۔

شاعر کے تخلیقی ذہن کے اظہار کی شناخت زبان کے علامتی برتاؤ سے ہوتی ہے۔ فکری سطح پر حیات و کائنات کی بے ثباتی، اختلال اور تضاد کو محسوس کر کے فنکار ایک ایسی کائنات خلق کرنے کا آرزو مند ہوتا ہے جو پائیدار، نمو پذیر، مربوط اور مثالی ہو، یہ عمل اس کے متشددانہ شعور سے ہی مربوط ہیں، بلکہ بقول فرائیڈ نفسیاتی محرومیوں کی بھی ضرورت ہے۔ اور بقول یونگ اجتماعی لاشعور کا بھی تقاضا ہے۔ یہ الگ بات ہے کہ فنکار کی تخلیقی جہد و کاوش اس کی تخیلی کائنات پر منتج ہو کے بھی حقیقی کائنات سے رشتوں کی تنسیخ نہیں کرتی۔ اس لئے کہ وہ مخصوص توارث اور ماحول کے اثرات کے تحت ہی نشو و نما پاتا ہے۔ لہذا، جو الفاظ وہ برتتا ہے۔ وہ سماجی اصل سے بیگانہ ہو ہی نہیں سکتے۔ پس یہ نتیجہ نکلنا سہل ہو جاتا ہے کہ تخلیقی عمل نادیدہ جہانوں کو خلق کر کے تجسس و تحیر کو بیدار کرتا ہے اور جمالیاتی نشاط کا ساماں کرتا ہے۔ ساتھ ہی وہ حیات و کائنات کی آگہی میں شدت کا باعث بنتا ہے۔ یہی فن کا تفاعل ہے۔ اور تنقید کی کارگزاری کا نچوڑ فن کے اسی عمل کی دید و دریافت ہے۔

۔ واقعہ یہ ہے کہ اعلیٰ فن تخلیقیت کا زائیدہ ہونے کی بنا پر لازماً علامتی نوعیت کا ہوتا ہے۔ اس لئے تفہیم و تحسین کی مشکلیں پیدا کرتا ہے، ان مشکلوں پر ایک دیدہ ور نقاد ہی قابو پا سکتا ہے۔ اس کے برعکس عوامی ادب نقاد کی ضرورت کو کالعدم کرتا ہے۔ کیونکہ وہ راست بیانی سے ابلاغ کے مسئلے پیدا نہیں کرتا۔

پس اعلیٰ فن کے علامتی کردار کی بنا پر نقاد کی ضرورت ناگزیر ہے۔ نقاد تخلیق سے اس کے میڈیم یعنی لسانی ساخت کے توسط سے قریبی رابطہ قائم کرتا ہے اور اس کی تخلیقی

کائنات میں وارد ہوتا ہے، جہاں اس کا سامنا حیرت خیز اور اثر انگیز، وقوعات سے ہوتا ہے۔ وہ تخلیق کے لسانی عناصر کا تجزیہ کرتے ہوئے لفظوں کے متنوع تلازموں اور رشتوں سے ایک اجنبی صورت حال سے قاری کو بھی گزارتا ہے اور اس کے فکری اور جمالیاتی تقاضوں کی تشفی کا ساماں کرتا ہے۔ یہ تنقیدی نکتہ قدرے وضاحت طلب ہے۔ ادب پارہ لفظوں کی موسیقیانہ ترتیب سے تشکیل پاتا ہے۔ گویا تکمیل یافتہ ادب پارہ ایک لسانیاتی معروض یا مظہر ہے چونکہ لسانی برتاؤ کم سے کم الفاظ سے زیادہ سے زیادہ تلازمی امکانات کے لئے فضا ہموار کرنے کا کام کرتا ہے۔ اس لئے تخلیق کا ہر لفظ کلی صورت حال کی تشکیل میں اہم رول ادا کرتا ہے۔ لفظ کے ساتھ ساتھ لفظوں کے مابین سکوت اور توقف بھی اپنا کام کرتا ہے، اتنا ہی نہیں بلکہ تخلیق کار یا شعری کردار لہجے کے اُتار چڑھاؤ اور شعری آہنگ کی تبدیلی Variation سے کلی صورت حال کو متاثر کرتا ہے۔ علاوہ ازیں، تخلیق کی پیکر تراشی، استعارہ کاری اور رمزیت اس کے وجود کو وجود سر بستہ بناتی ہے۔ مروجہ تنقیدی نظریات کی بالخصوص، ہئیتی تنقید کی اِن، ہئیتی اور لسانیاتی باریکیوں اور نزاکتوں پر نظر رکھتی ہے۔ لیکن جو چیز تخلیق کی فرضی دنیا میں اُن کی مہم جویانہ سیاحت میں مانع ہوتی ہے وہ یہ ہے کہ وہ تخلیق سے کلی یا جزوی طور پر موضوعیت یا معنی کے متقاضی ہوتے ہیں۔ جونہی وہ تخلیق میں برتے جانے والے کسی لفظ یا لفظوں کی مجموعی ترکیب سے سماجی یا سوانحی مفاہیم کا استخراج کرتے ہیں۔ اسی لمحے اُن کا اصل تخلیق سے رابطہ ٹوٹ جاتا ہے اور وہ بزعم خود تخلیق کی تلخیص یا تفسیر پیش کرتے ہیں۔ اس لاعلمی کے ساتھ کہ جو چیز وہ پیش کرتے ہیں۔ وہ اصل تخلیق سے کوئی راستہ رشتہ نہیں رکھتی اور یہی وہ مقام ہے جہاں اُن کی تنقیدی مساعی بے اثر اور غیر متعلقہ ہو کہ رہ جاتی ہے۔

اِس نازک مقام پر اکتشافی نظریہ تنقید ہی فن کی سالمیت اور بقاء کا تحفظ کرنے، اور

اس کے تخلیقی کردار کو نمایاں کرنے میں اہم رول ادا کرتا ہے۔ یہ نظریہ تنقید اولاً، ہئیتی تنقید کی ہی طرح فن کے آزاد اور خود کفیل وجود کو تسلیم کرتا ہے اور ہئیتی تنقید کی ہی طرح اس کے ہئیتی اور لسانیاتی اجزاء کا تجزیہ کرتا ہے۔ لیکن ہئیتی تنقید کے اعلیٰ الرغم یہ تخلیق کو اُس کی لسانیاتی ساخت کی بنا پر مصنف یا معاشرے سے قطعی انقطاع پر اصرار نہیں کرتا۔ تخلیق چونکہ معاشرے کے ایک ذی حس فرد کے تجربوں کی تجسیم کاری کرتی ہے اس لئے گرد و پیش کی زندگی سے لاتعلق نہیں ہو سکتی۔ مگر یہ تعلق بالواسطہ ہوتا ہے اور صورت پذیر تجربے کی تقلیب کو ممکن بناتا ہے، نتیجتاً ایک نئی تخئیلی حقیقت خلق ہوتی ہے جس کے ارد گرد میں مصنف کالہو رواں ہوتا ہے اور یہ معاشرتی احساس سے مترشح ہو تی ہے، تاہم ان عناصر کی موجودگی اس بات کو ثابت نہیں کرتی کہ فنکار بلاواسطہ سوانحی یا معاشرتی حقائق و کوائف کی ترجمانی کرتا ہے۔

دوم، اکتشافی تنقید کا کام یہ نہیں کہ وہ ہئیتی تنقید یا دیگر نظریات نقد کی طرح تخلیق کے تجزیاتی عمل میں معنی و مطلب کی کشید کے فرومایہ اور غیر متعلقہ عمل پر زور دے۔ اکتشافی تنقید اس تخئیلی فضا یا صورت حال کا مشاہدہ کراتی ہے۔ جو تخلیق میں لفظوں کے ترکیبی عمل سے نمود کرتی ہے۔ تنقید کا حقیقی تفاعل یہیں پر قابل شناخت ہو جاتا ہے۔ یہ اعلیٰ فن کے نمونوں مثلاً شیکسپیئر کے ڈراموں، میرؔ اور غالبؔ کی شاعری، انیسؔ کے مرثیوں ، میر حسنؔ کی مثنوی، اقبال کے کلام اور انتظار حسین کے افسانوں کے تجزیہ و تحلیل سے اپنے مطلوبہ نتائج کا دعویدار ہو سکتا ہے۔

واضح رہے کہ اکتشافی تنقید کی رو سے تخلیق میں موضوعیت یا معنی کی نشاندہی کا عمل بہر حال ثانوی اہمیت رکھتا ہے اور تنقید کے بجائے درسی ضرورت کی تکمیل کرتا ہے۔ کیونکہ تخلیق کاری کسی موضوع یا معنی کی راست ترسیلیت سے کوئی سروکار نہیں رکھتی۔

یہ تخئیلی سطح پر "نمود صور" کا معجزاتی عمل ہے جو قاری کو حیرت زدہ کرتا ہے اور حیرت و استعجاب کے بعد اس کی معنویت کے بارے میں استعارات کرتا ہے۔ تاہم تخلیق کے معنی کی تشریح کا مرحلہ اتنا اسان نہیں جتنا کہ یہ نظر آتا ہے۔ مشرق و مغرب کے نقادوں نے معنی یابی کے مسئلے پر خوب دماغی کاوش سے کام لیا ہے۔ مگر اُن کی مساعی کثرت تعبیر کی شکار نظر آتی ہے "معنی فی بطن شاعر" کے تصور سے کر تخلیق میں مصنف کے پیش کر دہ معنی، اور پھر کثیر المعنویت کے نظریے کے بعد، ساختیاتی نقطۂ نظر سے معنی کے بجائے، معنی کی فضا کے امکانات کی تلاش، جو لسانیاتی رشتوں کے تجریدی نظام سے مربوط ہے۔ اور پھر معنی کے عدم وجود اور بقول بارتھ قاری کی شرکت فقرات سے تخلیقِ معانی، یہ سارے تصورات معنی یابی کے کسی قطعی اصول کو پیش نہیں کرتے۔ ساختیاتی تنقید کی رو سے تخلیق کے الفاظ سماجی قبولیت کی بنا پر اُن ثقافتی اور تاریخی معانی کے لاتعلق نہیں ہوسکتے۔ جن کے مصنف کا شعور برومند ہوتا ہے۔ کیونکہ وہ اس کی زبان سے منسلک ہیں۔ تاہم اس بنیادی حقیقت کو نظر انداز نہیں کیا جاسکتا کہ تخلیق کے الفاظ لسانیاتی ردّوبدل کے عمل سے گزر کے خارجی حوالوں کے ساتھ ساتھ تخلیق کے لسانیاتی نظام سے مربوط ہوتے ہیں اور تخلیقیت کے اصول کے پیش نظر اُن کا اولین کام یہ ہے کہ لفظوں کی علامت کاری سے ایک تمام تر صورت حال کو خلق کریں اور ہاں جب تشریح معنی کی ضرورت پڑے۔ تو کسی واحد یا قطعی معنی کے بجائے کثرت یعنی پر توجہ مرکوز کریں۔ یاد رہے کہ تخلیق پر بدلتے عہد میں اور ہر نئے باذوق قاری کے لئے معانی کے نئے نئے جہانوں کو منکشف کرنے کی صلاحیت سے بہرہ ور ہوتی ہے۔

اکتشافی تنقید کی اصطلاح وضع کرنے اور اس کی وضاحت کرنے سے میں یہ دعویٰ نہیں کر رہا ہوں اور نہ ہی مجھے اس کی ضرورت ہے، میں جیسا کہ بعض دوستوں کا خیال ہے

کسی نئے دبستان تنقید کا بانی کہلایا جاؤں، میں صرف یہ عرض کرنا چاہتا ہوں کہ تنقیدی مغائر کو اپنے صحیح تناظر میں برتا جائے، تاکہ فن اور تنقید کے صحیح تفاعل کی پہچان ہو سکے اور ادبی اقدار فروغ پا سکیں، یہ تنقیدی کام موضوعی ہے۔ نہ شخصی اور نہ ہی تاثراتی ہے۔ جیسا کہ بعض حضرات کا خیال ہے یہ ٹھوس لسانیاتی اساس رکھتا ہے اور لفظ کی صوتیاتی اور معنیاتی نزاکتوں کی تحلیل و تفہیم کے ساتھ ساتھ اس کے دیگر ترکیبی الفاظ سے متنوع اور متضاد رشتوں کی شناخت پر منحصر ہے۔ اور ساتھ ہی لفظوں کے علامتی برتاؤں کے تجزیہ پر استوار ہے، بھلا بتایئے اس میں تاثراتی انداز کہاں سے پیدا ہوتا ہے ؟۔ یہ ٹھوس، معروض اور متوازن طریقہ نقد ہے جو نہ صرف تخلیق کے باطنی رموز کو آشکار کرتا ہے۔ بلکہ علامتیت کی پیچیدگی کے مطابق تجربے کی دقت جیسے جو ناتھ کلر "لفظی مسافت کی وقعت" قرار دیتا ہے۔ کے مطابق تعین قدر کے مسئلے کا معقول حل بھی پیش کرتا ہے۔

***

تنقیدی ادب کا منظر نامہ - عبد القادر فاروقی سے گفتگو

نثار احمد صدیقی

اصلی نام۔ عبد القادر غیاث الدین فاروقی

ادبی نام۔ عبد القادر غیاث الدین فاروقی (ڈاکٹر عبد القادر فاروقی)

تاریخ وجائے پیدائش۔ یکم جولائی ۱۹۴۷ء ہو کیری ضلع بلگام (کرناٹک)

سوال ا۔ اپنی زندگی کے ذاتی وادبی کوائف بتائیں۔

* آج تک کی زندگی کا سفر دو حصوں پر منحصر ہے۔ پہلے سفر کا آغاز ہندوستان کی سر زمین سے جب میں نے پہلی جولائی ۱۹۴۷ء کو آنکھ کھولی، اس سفر میں غربت کی وجہ سے زندگی سے روشناس حاصل ہوئی۔ تعلیمی سفر میں بی اے، بی کام، معاشیات اور بینکنگ، اردو اور فارسی کے ذریعہ ایم اے پھر اردو کے ذریعہ پی ایچ ڈی کی تعلیم مکمل کرلی۔

ملازمت کا سفر درس و تدریس سے ۱۹۷۳سے آغاز ہوا۔ مقامی کالج انجمن آرٹس، سائنس اینڈ کامرس کالج بیجاپور میں صدر شعبہ اردو فارسی اور عربی اور کرناٹک یونیورسٹی میں بحیثیت پی ایچ ڈی گائیڈ خدمات کا موقع ملا۔ اسی دوران ہندوستان کے اخبارات جیسے بمبئی سے "انقلاب" اور بنگلور سے "سالار" کے علاوہ مختلف رسالوں میں مضامین لکھنے کا موقع ملا۔ زندگی کا یہ پہلا سفر جنوری ۱۹۹۲ء کو ختم ہوا۔ جب میں نے ہوائی جہاز میں قدم

رکھا۔

زندگی کے دوسرے سفر کا آغاز جنوری ۱۹۹۲ سے شروع ہوا۔ جب میں نے امریکہ میں نیویارک کی سرزمین پر قدم رکھا اور یہ سفر آج تک تو جاری ہے مگر آئندہ کا سفر زندگی پر منحصر ہے۔ نیویارک میں روزی روٹی کے لئے حکومت کے فلاح و بہبود میں ملازمت اختیار کر لی۔ جس کا اردو ادب سے کوئی تعلق نہیں ہے۔ صرف انگریزی ہی انگریزی، مگر اُردو کا شوق اور جذبہ دل و دماغ کو بے چین کر تا رہا۔ یہی بے چینی کی وجہ سے امریکہ کے اُردو اخبارات "اُردو ٹائمز"، "ایشیا انٹرنیشنل"، "عوام" اور "نیویارک عوام" کے علاوہ رسائل "قلم قافلہ"، "انکشاف" کے علاوہ ہندوستان سے نکلنے والا رسالہ "شاندار" میں مضامین کے ذریعہ اپنی بے چینی کو کچھ حد تک سکون پہنچانے کی کوشش کی۔ اور یہ سلسلہ آج تک جاری ہے۔ آئندہ سے بے خبر ہوں۔

اللہ تعالیٰ کی مرضی اور زندگی کے ساتھ نے "مضامین فاروقی"، "اعجاز"، "گوہر ادب"، "اور خون جلتا رہا"، "امریکہ میں انور اردو" اور "اُردو شاعری اور تصوف" کو منظر عام پر لائے اور قریب میں مختلف تصانیف جنم لینے والی ہیں۔ اگر خالق کائنات کی مرضی شامل ہو۔

سوال ۲۔ جدیدیت اور مابعد جدیدیت کے نام پر جو آج ادبی تخلیق ہو رہی ہے اس کے متعلق آپ کا کیا نظریہ ہے؟۔

٭ادبی تخلیق اپنے زمانے کی جدید ہی ہوتی ہے اور اس جدیدیت میں بھی روایتی اور پرانی چیزیں ملتی ہیں۔ جس کو ہم جدیدیت میں شامل اور شمار کرتے ہیں اور پھر جدیدیت کہلاتی ہیں۔ میری نظر میں آج جو بھی ادب کی تخلیق ہو رہی ہے ان میں کچھ نہ کچھ اشارے تو ضرور مل جاتے ہیں جو جدیدیت مابعد جدیدیت کہلاتے ہیں۔

سوال ۳: کیا یہ سچ ہے کہ اُردو کے آج کے بیشتر تنقید نگار Extraneous Motives سے ملوث ہیں۔ اس پر آپ کیا کہنا چاہیں گے ؟۔

* آپ کے سوال میں جواب موجود ہے۔ اردو کی تنقیدی تاریخ پر غور کریں تو ہمیں کافی Extraneous Motives ملتے ہیں۔ مگر تنقید نگار کے لئے ضروری ہے کہ وہ اپنی اہمیت اور انفرادیت کو برقرار رکھے۔

سوال ۴۔ کیا آج کی اُردو تنقید مغربی اور امریکی تنقید کا اثر قبول کئے ہوئے ہے ؟۔ اگر اثر ہے تو آپ اسے عیب یا ہنر کہیں گے۔ تفصیل سے جواب دیں۔

* خارجی تنقید اثرات تو فطری سے ہوتے ہیں۔ مگر اسی پر قائم رہنا عیب ہو گا اور خود کے ادب کی اہمیت اور اس کی خوبی کے ساتھ ناانصافی ہو۔

سوال ۵۔ آپ اُردو دُنیا میں سب سے زیادہ ذہین اور باصلاحیت تنقید نگار کسے مانتے ہیں؟ ان کے متعلق اپنی ذاتی رائے دیں۔

* میرے نزدیک باصلاحیت تنقید نگار وہی ہے جس کا قلم تعصب، گروہ بندی، یک طرفہ پاسداری اور تنقید سے پاک ہو اور جس میں انفرادیت ہو تا کہ وہ ادب اور ادیب کے ساتھ صحیح انصاف کر سکے۔ تنقید نگار کی صلاحیت ہی ادب کو اس کے درجے تک پہنچا سکتی ہے۔

سوال ۶۔ کیا آج کے نئے تنقید نگار نے اپنے فکری اور نظریاتی قبیل کے تئیں دوستانہ اور مخالفین کے دشمنانہ رویے زیادہ دکھائے ہیں؟ آپ اس جملے پر ادبی نقطہ نظر سے اپنے خیالات تفصیلی تحریر کریں۔

* آپ کا یہ جملہ صحیح ہے جس کی وجہ سے ادب اور ادیب کے ساتھ ناانصافی ہوتی ہے اور ادب جلد ہی تعصب کی نذر ہو جاتا ہے۔ جس کی وجہ سے ادب نقاد کے رحم و کرم

پر رہ جاتا ہے۔

سوال۷۔ کیا آج کے اُردو نقاد کمٹمنٹ کے کھونٹے سے بندھے ہوئے ہیں۔ جو اپنوں کی "عیش پوشی" میں "خود بے لباس" ہوتے ہیں اور اسے برا بھی سمجھتے ہیں۔ آپ کا کیا خیال ہے؟

٭ آپ کے سوال کے تحت وہ خود کو اُردو کا نقاد تو کہلائے گا مگر نہ ہی وہ ادبی نقاد کی جگہ پائے گا اور نہ ہی اس کی تنقید ادب میں جگہ پائے گی۔ کیونکہ ادیب کا منصف جس طرح سے نقاد ہوتا ہے اسی طرح نقاد کا منصف خود ادب ہوتا ہے۔

سوال۸۔ کیا ہند و پاک سے غیر ممالک میں جانے والے اردو ادبا و شعرا کے فن میں ہندوستانیت یا پاکستانیت تلاش کی جا سکتی ہے؟ اگر ایسی بات ہے تو آپ اسے عیب یا ہنر مانیں گے۔

٭ بیرونی ممالک میں رہنے والے شاعر و ادیب میں فطری طور سے اپنے وطن کے تاثرات تو ہوتے ہیں مگر جس ملک میں رہتے ہیں وہاں کے تاثرات کو بھی پیش کرنا میرے نزدیک صحیح ادب کہلائے گا۔

سوال۹۔ کیا یہ سچ ہے کہ عہد حاضر کے اردو نقاد ایک ہی میٹر سے تمام اُردو تخلیقی ادب کو ناپ رہے ہیں۔ اس سلسلے میں آپ کے خیالات کیا ہیں؟

٭ ہر ایک ادب اور ہر ایک تخلیق ایک دوسرے سے مختلف ہوتی ہے اور اس کو ایک ہی میٹر کے ساتھ ناپنا سراسر ادب اور اس کی تخلیق سے ناانصافی ہو گی۔

سوال۱۰۔ جدید دور کی اُردو تنقید کا منظر نامہ کیا ہے؟ کیا ادب پارے کی افہام و تفہیم صرف تاثرات کے حوالے سے یا تقریبی انداز سے کافی ہے؟۔

زمانے کی ضرورت اور اس ضرورت کی وجہ سے جس طرح زندگی میں تبدیلی آئی

ہے اور یہ ضروری ہوتا ہے کہ ہر ایک تخلیق میں یہ تبدیلی کے اثرات موجود ہوں۔ اردو تنقید میں بھی تبدیلی ہوتی رہی ہے اور ہوتی رہے گی۔ جس طرح عالمی ادب ایک دوسرے کے قریب آتے رہیں گے۔ تنقید میں ٹھہراؤ نہیں آیا۔

سوال ۱۱۔ مابعد جدید ادب کیا کر دار ادا کر رہا ہے، بطور ایک تنقیدی نظریہ "ساختیات کی حدود اور امتیازات" کیا کیا ہیں، جدیدیت کی فکری اساس کیا تھی۔ اُردو کے عظیم شاعر علامہ اقبالؔ کا جدیدیت سے کوئی تعلق بنتا ہے یا نہیں، اگر بنتا ہے تو اس کی نوعیت کیا ہے؟۔

* جدیدیت ہم کس کو کہیں، یہ کہنا بھی مشکل ہے جو ماضی میں شاعر اور ادیب کے خیالات اور احساسات تھے وہ آج بھی جدیدیت میں شامل اور شمار ہوتے ہیں اور کبھی ایسا بھی ہوتا ہے کہ تخلیقی ادب ہر زمانے اور ہر وقت میں جدید کہلاتا ہے۔ کیونکہ جس تصور اور خیال کو پیش کیا گیا تھا وہی تصور اور خیال آج ہمارے ذہنوں میں ہے۔ تو پھر وہ جدید ہی کہلائے گا۔ علامہ اقبال نے جو تخلیقات پیش کی ہیں وہ ہر زمانے کی پیداوار ہوگی۔ اسے قدیم کہا ہی نہیں جاسکتا۔

سوال ۱۲۔ کیا شاعری کی طرح فکشن میں بھی ایسی کوئی خوبی ہے جو دُنیا و مافیہا سے دور کر دے؟

* شاعری ہو یا فکشن سب میں زمانے کی عکاسی ہوتی ہیں۔ خاص کر فکشن میں یہ خوبی پائی جاتی ہے کہ وہ زمینی حقائق کی طرف لے جاتی ہے اور آج کا قاری یہی چاہتا ہے کہ وہ زمینی حقائق کو دیکھ سکے۔

سوال ۱۳۔ ہمارے جینوئن تخلیق کار تنقیدی تعصبات کا شکار ہوتے رہے ہیں۔ جبکہ

یہ حقیقت ہے کہ تخلیق کار اپنے لفظوں سے زندہ رہیں گے۔ کسی کے شبد اس کی حیات و ممات کا فیصلہ نہیں کر سکتے۔ شبدوں میں شکتی ہو گی تو تخلیق کار بھی زندہ رہیں گے جیسے کالیداس، کبیر غالب اور میر اپنے لفظوں کی وجہ سے زندہ ہیں۔ آپ مندرجہ بالا جملوں کی روشنی میں کیا کہیں گے۔

* تخلیق کار کو نہ صرف لفظ زندہ رکھتے ہیں۔ بلکہ ان کی گہرائی اور گیرائی ہی زندہ رکھنے میں مدد کرتی ہے اور یہی اہم چیز تخلیق کار کے لئے ہوتی ہے۔

سوال ۱۴۔ کیا سیاست اور آرٹ میں ایک خط مستقیم قائم ہے اس جملے پر آپ کیا کہنا چاہیں گے ؟۔

* اگر آپ کا سوال سیاست کی جانب ہے تو میری نظر میں سیاست اور آرٹ میں واقعی ایک خطِ مستقیم قائم ہے۔ آرٹ سیاست سے نہ صرف مختلف بلکہ اس کا اس سے فنی رشتہ کوئی نہیں ہے۔

سوال ۱۵۔ کیا قرۃ العین حیدر کا ناول "آگ کا دریا" کے مد مقابل شمس الرحمن فاروقی کا ناول "کئی چاند تھے سر آسماں" رکھا جا سکتا ہے ؟۔ اگر نہیں تو کیوں وجہ بتائیں۔

* دو تخلیق کاروں کو ایک پیمانے سے ناپا نہیں جا سکتا۔ دو مختلف چیزیں ہیں اور مختلف رہیں گی اور دونوں کو ایک ہی ادبی اہمیت نہیں دی جا سکتی۔ اور دونوں کے لئے یہ ناانصافی ہو گی کہ دونوں کو ایک دوسرے کے مد مقابل رکھا جائے اور نہ ہی ایک باصلاحیت نقاد دونوں ناولوں کو مد مقابل رکھ کر انصاف کرے گا۔ جس طرح سے ہر ایک پھول کی خوشبوں الگ ہوتی ہے اسی طرح سے "آگ کا دریا" اور "کئی چاند تھے سر آسماں" کی مہک اور لذت کی اہمیت الگ الگ ہے۔

سوال ۱۶۔ کلیم الدین احمد کا یہ نظریہ "اُردو تنقید اقلیدس کا خیالی نقطہ ہے یا معشوق

کی موہوم کمر" کیا یہ جملہ حقیقت سے قریب ہے؟ تفصیلی جواب دیں۔

* آپ کا یہ جملہ میرے نزدیک حقیقت سے دور ہے کیوں کہ تنقید حقیقت نہیں ہوتی اور نقاد ادبی حقیقت کو جانے بغیر نہیں کر سکتا۔ نقاد کے نزدیک خیالات کوئی معنی نہیں رکھتے جو صرف تصور پر ہی مبنی ہیں۔ نقاد کے لئے ضروری ہے کہ وہ حقیقت کی گہرائی تک پہنچے اور اس کی سچائی کو تلاش کرے۔

***

عادل منصوری کی شاعری :

'اِک شاخ اب بھی سبز ہے پت جھڑ کے باغ میں'

ڈاکٹر محمد منصور عالم

تمہید

جب ہم کوئی ایسا مجموعہ کلام پڑھتے ہیں، جس میں نظمیں اور غزلیں دونوں ہوں تو غزلیں عموماً زیادہ کھینچتی ہیں۔ شاید اس کی وجہ غزل پسندی کا مزاج ہے۔ یہ بھی ہو سکتا ہے کہ مصرعوں کی ہم وزنی میں نسبتاً زیادہ لطف ملتا ہے اور پھر قوافی بھی متاثر کرتے ہیں۔ لیکن اگر یہ باتیں ہیں تو نظموں سے بے رغبتی نہیں ہونی چاہئے کیونکہ اوزان اور قوافی ان میں بھی ہوتے ہیں۔ البتہ مسئلہ ان کے نمایاں اور پنہاں ہونے کا ہے۔ تو، یہ کوئی مسئلہ نہیں بلکہ شعری ہنر مندی میں پنہانی بہتر ہوتی ہے۔ پھر اپنے مزاج کو بھی مانوس کرنا چاہئے۔ شعری بیانیہ قائم کرنے میں جس طرح پہلے کے شعر اوزان و قافیہ اور تشبیہ و استعارہ کے پابند تھے۔ اس طرح کی پابندی جدید شعرا کے یہاں نہیں ہے۔ انہوں نے وزن و قافیہ کو سطروں میں چھپا دیا ہے اور پیکر سازی پر زیادہ توجہ صرف کی ہے۔ پیکروں کا تقاضا ہوتا ہے کہ باتیں اپنے نقوش میں دو مصرعوں سے آگے بڑھیں۔ اور مصرعوں کی ہم وزنی کا طلسم ٹوٹے، پیکر پر مستزاد علامت ہے۔ علامت تلازموں کے ساتھ پھیلنے پر مصر ہوتی ہے۔ یہ دونوں، پیکر اور علامت تفصیلی سریت کی فضا قائم کرتے ہیں اور ایک

بیت میں سما نہیں سکتے۔ اس لئے نظم کی ہئیت ناگزیر ہو جاتی ہے۔ جس مجموعے میں صرف نظمیں ہوں یا نظمیں بالکل نہ ہوں۔ غزلیں ہی غزلیں ہوں، تو ایسا معلوم ہوتا ہے کہ ہم ایسے گھر میں چلے آئے جہاں صرف سرہجیں ہیں یا صرف سالیاں ہیں۔ ہمارے لئے اہل خانہ کا مزید تصور ضروری نہیں کہ اس گھر میں مرد صورت میں کوئی ہے یا نہیں۔ کیونکہ شاعری کا مطالعہ بنیادی طور پر عورت کا مطالعہ ہے۔ عورت اس لئے کہ وہ فنکارانہ خلاقی اور فکری پیچیدگی کی شاہکار ہے۔ بزرگوں نے غزل کو گفتگو بازنان کردن بتایا تھا۔ لیکن یہ معنی صرف غزل تک محدود ہیں اور غزل کی نسبت سے بات معشوقہ تک ہی جاسکتی ہے۔ اس میں کنواروں کے لئے ایک رعایت ضرور ہے مگر یہ کوئی جامع معنی معلوم نہیں ہوتے۔ غزلوں کو میں سرہجوں سے گفتگو سمجھتا ہوں۔ ان کے شوہر ان کے قافیے ہیں اور ردیف خشدامن، وہ خود کئی خاندانوں سے آئی ہیں۔ ان کا اپنا الگ وجود ہے۔ اس لئے وہ غزل کے شعر ہیں۔ جبکہ نظم سرہج کی نسبت سے بالغ سالی یا بھابھی کی نسبت سے اس کی نند ہے۔ سرہجیں اور بھابھیاں سمٹ کر ایک خاندان میں آجاتی ہیں۔ سالیاں یا نندیں پھیل کر نئے خاندانوں کا پتا دیتی ہیں۔ غزل اور نظم کی ان دو نمائندہ ہستیوں کے دو "مقامات" ہیں۔ ان دونوں سے آشنا اور وابستہ شاعر کسی یک فنے سے غالباً بڑا شاعر ہونے کا حق رکھتا ہے۔

فرید محمد عادل منصوری ۱۸ر مئی ۱۹۳۶ء کو احمد آباد گجرات میں پیدا ہوئے تھے اور زندگی کی بہتر بہاریں دیکھ کر ۶ر نومبر ۲۰۰۸ء کو امریکہ میں دُنیا سے پنہاں ہو گئے۔ میں نے ان کو کبھی نہ دیکھا لیکن ان کی جو تصویر "حشر کی صبح درخشاں ہو۔۔۔۔۔" کی پشت پر موجود ہے۔ اس میں وہ بڑے خوش مزاج نظر آتے ہیں۔ میں نے بھی کچھ اسی وجہ سے چھل بازی کی ہے۔ بولنے پر آمادہ ان کا مسکراتا چہرہ اور ہاتھ کا اشارہ دونوں غماز ہیں کہ

عادل فقرہ باز ضرور ہوں گے۔ فقرہ بازی اور سخن سازی ذوصوی القربیٰ ہیں جو لوگ فقرہ باز ہوتے ہیں۔ اگر وہ موزوں طبع بھی ہوں تو ان کی قوت متخیلہ مصرع تراشی میں وہ کام کرتی ہے، جس سے ذہنی کاوشوں کا بہترین تخلیقی اظہار ہو سکتا ہے۔ عادل کے مذکورہ بالا مجموعۂ کلام میں نظمیں اور غزلیں دونوں ہیں۔ یعنی گھر بھرا ہوا ہے اور یہاں نندوں بھابھیوں کا تیور اور تناؤ بھی موجود ہے۔ لیکن پہلے مصرعہ تراشی کی دو ایک مثالیں دیکھئے۔

عادل کہتے ہیں

کس طرح جمع کیجئے اب اپنے آپ کو
کاغذ بکھر رہے ہیں پرانی کتاب کے

شعر عام فہم ہے۔ مگر مصرعہ دوم جڑا ہوا نگینہ معلوم ہوتا ہے۔ "پرانی کتاب" شخصیت کا استعارہ ہے "کتاب کی مناسبت سے "کاغذ" استعارے کو آگے بڑھاتا ہے۔ بڑھا کر علامت میں ڈھال دیتا ہے اور فعل "بکھر رہے ہیں" سے متحرک پیر بنا لیتا ہے۔ ہم پرانی کتاب کے بکھرتے ہوئے اوراق کو چشم تصور سے دیکھ سکتے ہیں کہ عمر ضعیفی میں قویٰ کس طرح مضمحل ہو جاتے ہیں۔ اضمحلال قویٰ کو بکھرنے سے استعارہ کرنا بالکل مغائرتی صورت ہے اور لطف یہ کہ اس بکھرتی صورت پر حسرت نہیں۔ بالکل لااُبالے فقرے بازہی کا اندازہ ہے۔

یہ شعر دیکھئے

خواہش سکھانے رکھی تھی کوٹھے پہ دوپہر
اب شام ہو چلی میاں دیکھو کدھر گئی

اب اس کو فقرہ بازی کے سوا کیا کہا جائے گا کہ کسی نے مصرعہ اولیٰ، دوست نے سنا تو ازراہ تفنن مصرعہ تر لگا دیا۔ جوانی کی امنگوں اور بڑھاپے کی خشکیوں کی کشاکش سے لبریز

کیا خوب مصرعہ تراشا! مگر مصرعۂ اول کی تازگی بھی بے نظیر ہے۔ ایسا تخئیل کہ خواہش کو دوپہر میں کوٹھے پر سکھانے کو رکھا گیا تھا۔ ہمارے زمانے میں مضمون تازہ کی بہترین مثال ہے۔ اب اس خواہش کو کھوجیۓ، کدھر گئی۔ ارے وہ تو سوکھ کر اڑ گئی! یا کوئی شوخ ہوا آئی اور اُڑا لے گئی، یا یہ خود ہی اس کے پیچھے ہولی؟ ("گئی" کی جگہ پر "اڑی" ہوتا تو بہتر ہوتا؟) بڑھاپے میں جوانی کی کون سی خواہش ؟اور "سکھانے" سے کیا مراد ہے۔، آسودگی، تسکین یا نفس کشی؟۔

ایک اور شعر دیکھئے

آنکھوں میں آنسوؤں کا کہیں نام تک نہیں
اب جوتے صاف کیجئے ان کے رومال سے

بظاہر معشوق ستمگر، بے وفا، سخت دل ہے، ذرا پشیمانی نہیں۔ ذرا ترس نہیں، عاشق کی مصیبت پر کبھی آبدیدہ نہیں۔ پھر وہ رومال کاہے کو رکھتا ہے۔ فقرہ کس دیتے ہیں کہ اب جوتے صاف کیجئے ان کے رومال سے۔ سوال یہ ہے کہ کس کے جوتے ؟ جواب بظاہر یہ ہے کہ اپنے جوتے، مگر معشوق اپنا رومال عاشق کو کیوں دینے لگا، لہذا اس کے رومال سے اس کے آنسو نہیں تو اس کے جوتے ہی پونچھئے۔ یعنی اس کی خدمت بہر حال کیجئے۔ لیکن یہ بھی تو ہو سکتا ہے کہ خود عاشق نے اپنا جو رومال معشوق کو تحفتاً پیش کیا تھا تاکہ بوقت رحم و رقت اپنے آنسو پونچھ سکے۔ تو اب تو اس کی آنکھیں کبھی آبدیدہ ہوتیں ہی نہیں۔ اس لئے اپنے عاشق کے رومال سے اپنے جوتے ہی صاف کیجئے۔ اس کے دیئے ہوئے تحفے سے کچھ تو کام لیجئے۔ ان سب باتوں سے قطع نظر، معاشرے میں شبابی محبت کی روایت یہ رہی ہے کہ معشوق ہی عاشق کو رومال پیش کرتا ہے۔ یہ روایت اب جدید عشقیہ تہذیب میں ٹوٹ گئی۔ اس کا ثبوت یہ ہے کہ اب غم فراق میں آنسو نہیں بہائے جاتے۔ لہذا نئی

روایت قائم کی جائے کہ جس کسی کے پاس جس کسی کا دیا ہوا رومال ہو۔ اس سے وہ جوتے صاف کرے کیونکہ اب رومال کا اور کوئی کام نہیں رہا۔ نہ آنکھ میں آنسو، نہ جبیں پر پسینہ

مجھے احساس ہے کہ فقرہ بازی پر زور دے کر شاعری کی قدر پہچانی نہیں جا سکتی۔ لیکن فقرہ بازی میں جو شاعری ہو جاتی ہے اس کو پہچاننا بھی ضروری ہے۔ عادل کا امتیاز یہی ہے کہ وہ فقرہ بازی میں ہماری سفاک تہذیب کی عکاسی کر گزرتے ہیں۔

ٹوٹے پڑے ہیں کتنے اُجالوں کے استخواں
سایہ نما اندھیرے کے اندر اُتر کے دیکھ

ہماری تہذیب بظاہر "سایہ نما" ہے مگر اصلاً وہ اندھیری ہے۔ اس کا اندھیرا اپن شکستہ اجالوں کے ماضی سے ظاہر ہے جہاں شائستگی اور حس لطیف کی روشنی کو خستہ ہڈیوں کی طرح کئی بار توڑا گیا ہے۔ اس کی ایک ادنیٰ مثال یہ ہے کہ بچپن میں ب رزبربر، بے زیر بر پڑھاتے ہوئے مولوی صاحبان جنسی حجاب کے تحت بر پیش "با" پڑھاتے تھے۔ لیکن لکیر کے نیچے ایک نقطہ، لکیر کے اوپر دو نقطے کا سبق دینے میں ان کی عضوی حس خفتہ ہوتی تھی۔ عادل جب اس رٹائی کو شعر کے سانچے میں ڈھالتے ہیں۔

ت کے اوپر دو نقطے
ب کے نیچے اک نقطہ

تو اس کے معنی میں ہماری تہذیب کی جنس زدگی داخل ہو جاتی ہے۔ وہ تہذیب ب سے بدن اور ت سے تن کے تناظر میں فرج و پستان سے اتنا گہرا تعلق رکھتی تھی کہ ہمارے شعرا مثنوی لکھنے بیٹھتے تو ابتدا الازماً حمد و نعت سے کرتے اور پھر جوانی کی راتیں مرادوں کے دن کے وہ بیانات قائم کرتے کہ بس پوچھئے مت، وہ ہماری ادبی تہذیب کی داخلی دُنیا ہے، جس میں اعلیٰ اور نادر تخیلات کی ہڈیاں ٹوٹی پڑی ہیں۔ مثنوی سے قطع نظر

صنف غزل ایسے ہی بلند و گرانقدر تخیلات کی شائستہ ترجمانی کے لئے تھی مگر اس کو بھی سایہ نما اندھیرا بنا دیا گیا۔ عادل منصوری غزل اور تغزل کی تہذیب کو زندہ کرنے کے لئے کہتے ہیں۔

عادل کسے پکاریئے تعمیر کے لئے
پتھر اکھڑ گیا ہے غزل کے مزار کا

تو ان کے ہم عصر ظفر اقبال کہتے ہیں:۔

عادل کو اب بلائیں مرمت کے واسطے
پتھر اکھڑ گیا ہے غزل کے مزار کا

مزار کی تعمیر یا مرمت کے معنی یہ ہیں کہ صاحب مزار کا آوازہ پھر سے بلند ہو گا۔ جن لوگوں نے غزل کا مزار ڈھا دیا اور اس کے تقدس کو پامال کیا وہ اور معاملوں میں ترقی پسند ہوں تو ہوں، غزل کے تعلق سے وہ مطلق ترقی پسند نہیں ہیں۔ وہ صرف جدیدیت پسند شعرا ہیں۔ جنہوں نے آوازۂ غزل کو کہن ہونے سے بچایا۔ جدید شاعری احیائے غزل کے ذریعہ ہماری ادبی تہذیب کی محافظ بنی، جس تہذیب کا خاصہ یہ تھا کہ برہنہ گفتاری نہ ہو اور استعارے خاص کر اسی مقصد میں کام آتے تھے۔ اس تہذیب کو جدیدیت نے ابہام اور علامت کے ذریعہ نیا ادبی اظہار بخشا۔

عادل نے ایک اور قدم آگے بڑھایا۔ انہوں نے حروف مقطعات بھی استعمال کئے۔ ب، ت کو آپ نے دیکھ ہی لیا۔ الف، ش، ک، گ، ل، م، ن وغیرہ جیسے حروف عادل کی غزلوں میں کئی بار آئے ہیں۔ ایسے بعض شعر جن میں یہ حروف آئے ہیں۔ بہت مبہم ہیں اور بعض کے جنسی معنی کی طرف ذہن جاتا ہے جیسے:۔

بدن ب کے اندر اتر جائے تو

کنارے پہ رہ کر نکالو الف

لپکنے لگی لمس کی شعلگی

کھلے تے کے بند قبانون میں

کاف کی کرسی پہ کالی چاندنی

گاف میں گرتا سمندر لام کا

زیادہ مثالوں کی ضرورت نہیں۔ سمجھنے اور کہنے کی بات یہ ہے کہ ایسی غزلوں کو شروع سے آخر تک پڑھئے تو حرف مخصوص کے متعدد معنی جھلکتے ہیں جن سے اندازہ ہوتا ہے کہ شاعر کو خاص جنسی تلذذ سے غرض نہیں بلکہ اصلاً معنوی ابعاد سے مطلب ہے۔ ان میں ایک معنی وہ بھی ہوسکتے ہیں۔ جن کو غزل کے بیانیئے میں چھوڑ دینا مناسب نہیں بلکہ یہ تو شاعرانہ کم رسی ہوگی۔ لہذا اگر معنی کا جنسی امکان ہے تو اسے بھی پرو دیا جائے۔ مثلاً کمر کی کرسی یعنی مقعد میں پھیلے نرم کالے بال کے باوجود فاعل کا مادۂ منویہ اس کے "لام" سے مفعول کی "گاف" میں گر ہی جاتا ہے۔ بے شک یہ بات فحش ہے۔ لیکن اگر یہ نہ ہوتی تو ردیف کی نئی معنویت کا اندازہ بھی نہ ہوتا اور یہ خوبی کی بات ہے کہ ردیف میں بھی نئے معنی رکھے جائیں۔ سو عادل نے ایسا بھی کہا کیا ہے۔ اب یہ شعر دیکھئے۔

بند دروازے پہ سب کے کان تھے

شور تھا کمرے کے اندر لام کا

قریب کے معنی یہ ہوسکتے ہیں کہ دروازہ بند ہے اور لوگ کمرے کے اندر کے جنسی فعل کی آواز پر کان لگائے ہوئے ہیں۔ دور کے معنی یہ ہیں کہ انسان کا ظاہر تو پر سکون معلوم ہوتا ہے لیکن باطن میں محبوب کے لمس کا جو خلفشار ہوتا ہے۔ لوگ اس کو سننا چاہتے ہیں۔ غالباً مراد شاعر یہی معنی بعید ہیں۔ ظاہر ہے کہ یہاں ردیف کے معنی بدل

گئے۔اسی طرح یہ شعر دیکھئے۔

شہر میں اپنے بھی دشمن ہیں بہت
جیب میں رکھتے ہیں پتھر لام کا

اوپر والے شعر میں "لام" لمس کا مخفف تھا تو یہاں "لگاؤ/لگاوٹ" کا مخفف ہے۔ ہم اپنے دشمنوں پر لگاؤ/لگاوٹ کا پتھر پھینکتے ہیں۔ یعنی ان سے بھی راہ ورسم رکھتے ہیں۔ غور کیجئے کہ سماجی تعلق داری کو عادل نے کس تازہ کاری سے پیش کیا ہے۔ یہ صرف قول محال نہیں ہے۔ فعل محال بھی ہے۔ یہ بھی ہماری ادبی تہذیب کی ایک مثال ہے۔ جس کو جدیدیت نے نیا طرز دیا ہے اب ذرا یہ شعر دیکھئے

آیا نہ کیوں خیال بڑی شین کا کبھی
عادل بہت قریب ہے جب چھوٹی سین سے
انگشت رکھی نقطوں پہ جب میم نے عادل
چھوٹی کی طرف دیکھ کر اترائی بڑی شین

یہ اشعار تو بدیہی طور پر جناب فاروقی کے لئے ہیں۔ شمس الرحمن فاروقی نام بڑی شین سے ہے لیکن وہ دستخط ہمیشہ چھوٹی سین سے کرتے ہیں۔ جبکہ دونوں سینیں بہت قریب ہیں اور ان کے بیچ میں صرف میم ہے۔ یہ عادل کی نزاکت بینی ہے وہ روزمرہ کے حالات اور معمول کی باتوں میں بھی تیکھی ناز کی دیکھ لیتے ہیں۔ اب اس کو کیا کہئے گا:۔

گانٹھی ہے اس نے دوستی اِک پیش امام سے
عادل اُٹھالو ہاتھ دعاو سلام سے
بستر میں ایک چاند تراشا تھا لمس نے
اس نے اُٹھا کے چائے کے کپ میں ڈبو دیا

پہلے شعر کی دُنیا داری اور دوسرے شعر کی مادیت بلکہ جنس زدگی نے آرزوؤں کی اوقات بتادی ہے۔ عادل عموماً ایسے ہی غیر متوقع صورت حال خلق کر کے خیال کو نئی جہت دے دیتے ہیں۔ ان کے یہاں تازہ افکار بہت ہیں۔ لیکن وہ کہتے ہیں کہ:۔

ہر اِک نیا خیال جو ٹپکے ہے ذہن سے
یوں لگ رہا ہے جیسے کہ برتا ہوا سا ہو

ایسا لگ سکتا ہے کیونکہ اردو غزل مضامین کا انبار رکھتی ہے۔ کسی شاعر کے لئے سب کو یاد رکھنا ناممکن ہے اور یاد کا شبہ ایسا ہے کہ وہ نیا پرانے میں اور پرانا نئے میں جھلکتا ہوا سا دیکھتا ہے۔ یہ بات اپنی جگہ صحیح ہے کہ خیال میں جو مضامین آتے ہیں ان کا کسی نہ کسی طرح کا رشتہ سابقہ مضمونوں سے نکل سکتا ہے۔ مگر مضمون سے مضمون نکلنے میں کچھ نہ کچھ نیا تیور، نئی بات ضرور نمو کر جاتی ہے۔ عادل کچھ نہ کچھ نہیں بلکہ اکثر اوقات نئے نقوش تراشتے ہیں۔ مثلاً:۔

قیلولہ رہے ہوں کسی نیم کے تلے
میداں میں رخشِ عمر بھر چرتا ہوا سا ہو
اس میں جو بات ہے وہ

اس میں جو بات ہے وہ غالبؔ کے "رو میں ہے رخشِ عمر ۔۔۔" والے شعر سے بالکل مختلف ہے۔ اس میں راحت اور آسودگی کی تمنا ہے۔ اسی طرح، غالبؔ نے کہا تھا۔

کی مرے قتل کے بعد اس نے جفا سے توبہ
ہائے اس زود پشیماں کا پشیماں ہونا

عادل کہتے ہیں کہ:

پھر بعد میں وہ قتل بھی کر دے تو حرج کیا

لیکن وہ پہلے پیار بھی کرتا ہوا سا ہو

اثر تو غالب کا کچھ ہے مگر بات دوسری ہو گئی۔ یہی نئ فکری عادل سے اور یجنل اور عمدہ اشعار کہلواتی ہے وہ کہنے کو تو کہتے ہیں کہ:

سوچ کی سوکھی ہوئی شاخوں سے مرجھائے ہوئے

ٹوٹ کر گرتے ہوئے لفظوں کو میں چنتا رہا

لیکن یہ " میں " واحد متکلم نہیں ہے۔ بلکہ جمع غائب ہے۔ وہ اور لوگ ہیں جو ایسا کرتے ہیں۔ عادل ایسے لفظوں کو کنارے کر کے فکر کی تازہ شاخوں میں نکلتے ہرے پتوں اور شاداب بوٹوں کو چنتے ہیں۔ مثلاً:

ذرا دیر بیٹھے تھے تنہائی میں

تری یاد آنکھیں دکھانے لگی

غور کیجئے۔ تنہائی میں کسی کی یاد ستاتی ہے۔ لیکن شاعر کہتا ہے کہ وہ یاد آنکھیں دکھاتی ہے۔ بات کدھر سے کدھر چلی گئی اور واقعتاً یہ نئی بات ہو گئی کہ کہیں اور کبھی تنہائی نصیب نہیں۔ یہ شعر دیکھئے

جو چپ چاپ رہتی تھی دیوار پر

وہ تصویر باتیں بنانے لگی

اس کے ساتھ یہ شعر بھی

تصویر میں جو قید تھا وہ شخص رات کو

خود ہی فریم توڑ کے پہلو میں آ گیا

تنہائی کے سناٹے میں کسی کی یاد نے کیسا زندہ متحرک وجود اختیار کیا ہے۔ شعر کی اہمیت اسی سے ہے۔ تازہ فکری اور تازہ کاری میں عادل بہت جرأت دکھاتے ہیں۔ مثلاً

معشوق کی بے وفائی یا وعدہ خلافی پر تو بہت شعر ملیں گے۔ لیکن آنا کانی کرنے والے معشوق کی چاہت میں اس انداز ہ کا شعر شاید نہ ملے:

معشوق ایسا ڈھونڈیئے قحط الرجال میں
ہر بات میں اگر تا مگر تا ہو اسا ہو

دلچسپ بات یہ ہے کہ نئی سوسائٹی کے کند ہم جنس باہم جنس پرواز، والے نئے نئے تقاضوں میں "قحط الرجال" کو ہم رجال و نساء دونوں کے کال کے معنی میں لے سکتے ہیں۔ کیونکہ بعض مردوں کو بھی امرد چاہیں اور بعض عورتوں کو بھی عورتیں چاہئیں اور یہ مطلوب ہمہ وقت ایسے خود سپرد نہ ہوں کہ بے یقینی اور کشاکش کا کوئی لطف نہ مل سکے۔ در اصل ہمارے معاشرے میں If but کی بدنیتی بہت رہی ہے۔ عادل نے اس کو بھی باندھا تھا اور عوامی بول سے سہارا لے کر کیا خوب باندھا! وہ عوامی بولی کا سہارا بے دھڑک لیتے ہیں، جیسے:

برسوں کے بعد آج وہ مسجد طرف گیا
جانے کے ساتھ بیٹھ گیا اعتکاف میں

مسجد کی طرف۔۔۔کی حذف کرنا لطف سے خالی نہیں۔ اس میں بے ساختگی ہے اور کچھ جلد بازی بھی، کیونکہ "اس کو" اعتکاف میں بیٹھنے کی جلدی تھی۔ اس کا ابلاغ "کی" ہٹا دینے سے ہو جاتا ہے۔ لیکن "جانے" کی جگہ پر" جاتے" ہو تو بہتر ہوتا۔ یہ شعر دیکھئے:

چاروں طرف سے سوکھ رہا ہوں پڑا پڑا
بجھتی ہوئی بہار مگر درمیاں میں ہے

"درمیان" کے ساتھ "میں" کا استعمال بس عوامی ہی بولی کی نشانی ہے ورنہ عادل نے بدون "میں" بھی اس "درمیان" کو استعمال کیا ہے:۔

ہونے کو یوں تو شہر میں اپنا مکان تھا
نفرت کا ریگزار مگر درمیان تھا

غزلوں میں دو ایک جگہ کتابت کی غلطی اور پروف ریڈنگ کا سہو بھی نظر آیا

تحلیل ہوگئی ہے ہوا میں اداسیاں
خالی جگہ جو رہ گئی تنہائی بھر گئی

مصرعۂ اول میں "ہے" کی جگہ پر "ہیں" ہونا چاہئے۔ یہ شعر دیکھئے

منہ پھٹ تھا، بے لگام، رسوا تھا ڈھیٹ تھا
جیسا بھی تھا وہ دوستو محفل کی جان تھا

مصرعۂ اول میں "بے لگام" کے بعد "تھا" کی ضرورت ہے۔ تبھی مصرعہ موزوں ہو گا۔ ایک جگہ عادل سے بھی لغزش ہوئی ہے:۔

بو جہل کے سر پر دھول ہی دھول
ابو لہب کے ٹوٹیں ہاتھ

مصرعۂ دوم میں "ٹوٹیں" کی جگہ پر "ٹوٹے" ہونا چاہئے۔ "تبت یدا ابی لھب"۔۔۔ میں "تبت" ماضی کا صیغہ ہے۔ تمنائی نہیں ہے۔ کوئی کوسنا نہیں ہے بلکہ مستقبل میں پیش آنے والی بات کو صیغۂ ماضی میں بیان کیا گیا ہے اور یہ ایک ادبی اندازِ بیان ہے۔ تعجب ہے کہ بعض مترجمین قرآن نے بھی اس کا ترجمہ اسی طرح کیا ہے۔ جیسا کہ عادل کا مصرع ہے۔ لیکن جو شاعری شعور سے ہوتی ہے وہ کسی کے ترجمے سے بہت آگے کی چیز ہے اور اس کے پڑھنے والوں کو بھی شعور سے کام لینا چاہئے۔

عادل کا ایک مصرعہ ہے:۔

شہر سمجھے تھے جسے خون کا دریا نکلا

اس میں مصرعۂ ثانی لگا کر مطلع بنایا:

گھر کی دیوار گری موت کا سایا نکلا

لیکن پھر اس مصرعے میں مصرعۂ اول لگا کر ایک اور شعر بنایا:۔

تیرنا جن کے لئے کھیل تھا وہ بھی نہ بچے

شہر سمجھے تھے جسے خون کا دریا نکلا

مگر "شہر سمجھے تھے۔۔۔" والے مصرعے کے مقابلے میں وہ دونوں مصرعے کمزور اور معنی کے لحاظ سے غیر مربوط ہیں۔ "سایا" ("دیوار" کی وجہ سے "سایا" رکھا) کی جگہ پر "ریلا" رکھا جاتا تو دریا کا تصور قائم ہو جاتا۔ تاہم وہ دریا خون کا تھا۔ اس کا جواز ابھی بھی چاہئے اور دوسرا شعر تو بالکل لفظی بازی گری معلوم ہوتا ہے۔ تیرنا جن کے لئے کھیل تھا وہ کیوں نہ بچے؟ کیا خون کے دریا میں تیرنا ممکن نہیں؟ دریا خون کا ہو یا آگ کا ہو۔ جب دریا ہے تو تیراکوں کے لئے کیا ہے! عادل نے کچھ تک بندی بھی کی ہے۔ ایسے نام نہاد شعروں کو نکال دینا تھا۔ کیونکہ عادل ہی کے مطابق "کھوکھلے لفظوں میں لوہا تو نہیں بھر سکتے" مثلاً "لام کا" والی ردیف کی غزل میں نو شعر ہیں۔ مطلع یہ ہے:۔

ہے گلی میں آخری گھر لام کا

تیسواں آتا ہے نمبر لام کا

اردو حرف کو گنئے تو اس الفائی گلی میں "ل" بے شک تیسویں نمبر پر ہے۔ بس۔ مطلع میں اس سے زیادہ اگر کچھ ہے تو وہ عادل کی فحش شرارت ہے۔ اسی طرح، یہ شعر:

وہ اوپر سے گنئے تو بتیسواں

وہ نیچے سے نکلا چھٹا نون میں

"نون" الفائی ترتیب میں تو اوپر سے ضرور بتیسواں ہے۔ مگر نیچے سے چھٹا نہیں

ہے۔ اگر ھ اور لا کو چھوڑ دیں تو "ن' چھٹا ہو سکتا ہے۔ لیکن ان کو کیوں چھوڑیں۔ اگر "نون میں" کی وجہ سے "و" کو لیں، تو یہ اوپر نیچے دونوں طرف سے گیا، جیسا کہ "لام" کا آخری گھر یعنی "م" کا حال ہے۔

یہ سب بیکار کی باتیں ہیں۔ ان سے شاعری کی توقیر گھٹتی ہے۔ عادل نے جتنے عمدہ اشعار کہے ہیں اور کچھ اچھے شعر حروف قطعات کے ذریعہ بھی نکالے ہیں۔ ان کی روشنی میں ان کو جدید شاعری کا ایک اہم ستون کہا جائے گا۔ لیکن ہم ایسے مقطعات / مخففات کو عادل کی شناخت نہیں بننے دینا چاہتے بلکہ ایسے شعر ان کی شناخت بن سکتے ہیں:

یادوں نے اسے توڑ دیا مار کے پتھر
آئینے کی خندق میں جو پرچھائیں پڑی تھی
دُنیا کی گذرتے ہوئے پڑتی تھیں نگاہیں
شیشے کی جگہ کھڑکی میں رسوائی جڑی تھی
کچھ اپنے عقائد بھی کمزور تھے
لرزتے تھے اوہام دیوار پر

یہ آخری شعر میں نے جس غزل سے اُٹھایا ہے، اس کا مطلع ہے:

وہ برسات کی رات پچھلا پہر
اندھیرے کے پہلو میں سنسان گھر

مطلع کے بعد اشعار نظم کی طرح آگے بڑھے ہیں، جن میں فسادات کی دہشت منقش ہوگئی ہے اور تھوڑی جنسی لذت کا بھی احساس ہوتا ہے۔ یہ غالباً دہشت کی وحشت کا نتیجہ ہے۔ اس لحاظ سے اس غزل کی مربوط معنویت بڑھ گئی ہے۔ پھر یہ کہ فساد کی دہشت اور بدن کی لذت گویا ناگزیر اجتماع ہیں۔ ایسا اکثر ہوتا ہے کہ عادل پیچیدہ صورت

پیدا کر کے ہمیں متضاد کیفیت سے ہمکنار کرتے ہیں۔

عادل ایسے شاعر ہیں جو سرخ وسیاہ پر طرح طرح سے سوچتے رہے ہیں:۔

پھیلتا ہی رہے یہ سرخ بھنور
سر پہ قائم رہے سیاہ جنوں

ان رنگوں کا سلسلہ تشدد اور کرب سے ملتا ہے جن کے نتیجے میں تنہائی ہاتھ آتی ہے یا اختیار کرنی پڑتی ہے اور تنہائی کو عادل قید سمجھتے ہیں۔

تنہائی کی رانوں میں
صبح تلک میں قید رہا

جی !قید کہاں رہا؟رانوں میں ، دو ران کے بیچ میں۔ ان کے تصور سے ہی رال ٹپکنے لگتی ہے۔ اسی لئے میرا گمان غالب ہے کہ عادل اپنے شعروں میں شہوانی نقش کاری کو ترجیح دیتے ہیں۔ مگر کس بات پر ترجیح ؟ اس بات پر جو نقش کے اندر ہے۔ تو، نقش کے اندر کیا ہے ؟یقینی طور پر محض تلذذ نہیں ہے۔ کہہ سکتے ہیں۔ کہ عادل تغزل کی مناسبت سے شعر کے باطن کو فکریاتی رکھنے کے باوجود شعر کے ظاہر کو فاحش بنادیتے ہیں مگر عادل صاحب !فکر مت کیجئے۔ آپ کی دوکان میں جنس بھی رائیگاں نہیں ہے۔ آپ کا بازار ہمیشہ گرم رہا اور رہے گا۔

بازار گرم ہو کبھی حسرت ہی رہ گئی
یا جنس رائیگاں ہی ہماری دکاں میں ہے ؟

(۲)

جدید شاعری کے سامنے موضوعات کا جو وسیع صحرا رہا ہے، اس کا عادل کے یہاں کیا حال ہے ؟اس کو دیکھنے کے لئے ہمیں عادل کی نظموں کی طرف متوجہ ہونا چاہئے۔

عادل کے مجموعے کی پہلی نظم ہے "حشر کی صبح درخشاں ہو مقام محمود۔۔۔" اس میں حضورؐ کی سیرت پاک کے چند اشاروں سے نعت بیان کی گئی ہے اور یہ دعا کی گئی ہے کہ آپؐ کے لئے حشر کی صبح ایسی درخشاں ہو کہ آپؐ مقام محمود پر فائز نظر آئیں۔ اس دعا میں یہ تمنا بھی شامل ہے کہ اس "مقام" میں سارے لوگ آپؐ کی حمد بیان کریں اور آپؐ کی شفاعت سے فیض یاب ہوں۔ ("مقام محمود" کا ذکر قرآن مجید پارہ ۱۵، رکوع ۹۳، آیت ۲ میں ہوا ہے۔ اذان کی دعا میں بھی یہ موجود ہے۔) نظم کے دوسرے حصے میں عہد جدید کی خود غرضی اور لذت کوشی پر روشنی ڈالنے کے ساتھ روح کی پیاس کی طرف اشارہ کیا گیا ہے اور تیسرے حصے میں صاف صاف کہا گیا ہے کہ مغرب کی بقا حضورؐ کی تقلید میں پوشیدہ ہے۔ دوسری نظم "قلم اُٹھا لئے گئے" یعنی اب قدرت کو انسانوں کی ہدایت کے لئے کچھ لکھنا نہیں ہے۔ رسالت و آخرت کے کامل وغیرہ مبدل تصور میں ڈوبی ہوئی ہے۔ تیسری نظم غزوۂ تبوک کے تعلق سے ہے۔ چوتھی نظم اپنے والد کے انتقال پر ہے۔ ان چاروں نظموں میں بیانیہ سادہ ہے۔ جو نقوش بنائے گئے ہیں وہ بھی زود فہم ہیں۔ مثلاً والد کی آنکھ میں موتیابند اتر آیا ہے۔ اس صورت کو شاعر نے یوں پیش کیا ہے۔

کالی عینک کے شیشوں کے پیچھے سے پھر
موتیے کی کلی سر اُٹھانے لگی
آنکھ میں تیرگی مسکرانے لگی (والد کے انتقال پر)

لیکن پانچویں نظم جس کا عنوان "نظم' ہے۔ سخت پیچیدہ اور مبہم بیانیہ میں لکھی گئی ہے۔ ایسا لگتا ہی نہیں کہ اس کا خالق وہی شخص ہے جس نے پہلی چار نظمیں خلق کی ہیں۔

نظم

وہ ایک لمحہ

وہ سر پٹکتا ہے پتھروں پر
پڑا ہوا ہے جو شام کے پھیلتے دھوئیں میں لہو میں لت پت
وہ ایک لمحہ
کہ جس کی خاطر ہزاروں صدیاں کروڑوں برسوں سے آبلہ پا
مگر وہ لمحہ
سفر کی پیلی اداسیوں کے کبوتروں کے پروں سے الجھا
سوادِ منزل کی مشعلوں میں
پگھل پگھل کر عیاں ہوا ہے
وہ ایک لمحہ
سلگتے شبدوں کی انگلیوں سے گرا جو نیچے
تو دھنس گیا پھر اٹل معانی کی دلدلوں میں
مگر یہ اچھا ہوا کہ اس دم
کھجور بھر کر جہاز آئے
تمام نظریں کھجور کی گٹھلیوں میں انزال ڈھونڈتی تھیں
وہ چھ مہینے جمل اُٹھائے ہمارے گھر کی قدیم زینت
نہ سیڑھیوں پر
نہ کھڑکیوں میں
نہ چائے کی پیالیوں سے اُٹھتے دھوئیں کے پیچھے
تمنا کاغذ پہ پھیل جائے تو اس کی شدت کا نام ٹوٹے
سفید بکری کی آنکھ سے کون جھانکتا ہے

تمہیں خبر ہے؟
تمہیں خبر ہو تو مجھ سے کہہ دو
میں اپنے والد کی قبر کا راستہ تلاشوں
ادھر بھی سورج میں سارا منظر لہو لہو ہے
ادھر بھی سایوں میں ساری آنکھیں دھواں دھواں ہیں
یہ بند آنکھوں میں کون چھپ کر
بدن کے اندر کو جھانکتا ہے
خموشیوں کے کھنڈر میں گونجی اذاں فجر کی
وضو کے پانی کے ساتھ سارے گناہ ٹپکے
دعا میں اس نے شراب مانگی تو
تشنگی کے سراب چھلکے
ستارے نیچے اتر کے آئے
وہ ایک لمحہ
شکستگی کے بدن کے باہر
وہ ایک لمحہ
شکستگی کے بدن کے اندر
وہ ایک لمحہ ہزار صدیوں کے بندھنوں سے نکل کر آیا
وہ ایک لمحہ جو دسترس کے وسیع حلقوں سے دور رہ کر
رطوبتوں میں بڑی تمازت سے مسکرایا
مقدروں میں ہزار لمحوں کے درمیاں جس کا تخت خالی

لہو میں لت پت وہ ایک لمحہ

وہ ایک لمحہ جو سر پٹکتا ہے پتھروں پر

اس نظم کی جھلملی کیفیت ایسی ہے جیسے ہلال عید دیکھ لیا۔ پھر لگا کہ نہیں، نظر دھوکا دے گئی! پھر کبھی دو ہاتھ اِدھر، کبھی دو ہاتھ اُدھر، کچھ چمکا، مگر رویت کا یقین نہیں۔ سوائے چند پیکری نقوش کے نظم کے کوئی معنی ہاتھ نہ لگے۔ نظم اپنے نقش و نگار سے بڑا بھرم قائم کئے ہوئی ہے۔ تاہم کھل نہیں رہی ہے۔ اس کے مقابلے میں چھٹی "نظم" جس کا عنوان بھی "نظم" ہی ہے۔ اپنا ابہام کھلنے کے اشارے رکھتی ہے۔ اس میں جس واقعے نے ذہن کو متاثر کیا ہے۔

ریل کی پٹری پہ

کس کے خون کے دھبے پڑے ہیں

وہ آسیب کی طرح چھایا ہوا ہے اور شاعر نے اپنی فکری سرگرمی کو واقعے اور پیکر میں انسلاک پیدا کرتے ہوئے کچھ نقوش بنائے ہیں۔ جو نظم کی ابتدا ہی سے ہیں۔ شناخت کے لئے اس نظم کا عنوان پہلی سطر کو بنایا جا سکتا ہے۔ وہ یہ ہے۔

خون اندھا ہو چکا ہے۔

خون اندھا ہو چکا ہے۔

گوشت۔۔۔

بہرے گوشت کی دیوار کے سایے میں

سورج سو چکا ہے۔

چاندنی کی لاش ساحل پر پٹک کر

رات کا دریا اتر تا جا رہا ہے

صبح کی چھاتی کا کچا دودھ مر تا جا رہا ہے
روز کالی گھاس میں تم بیٹھتے ہو
کیا تمہیں معلوم ہے
اس سنگ دل دھرتی نے
اپنے پیٹ میں کیا کیا چھپار کھا ہے؟ بولو
اپنے بستر سے اُٹھو
دروازہ کھولو
جس مکاں میں رات بھر آرام سے سوتے ہو تم
اس مکاں میں
خواہشوں کے بھوت
لذت کی چڑیلیں
جاگتے ہیں۔۔۔۔ جاگتی ہیں رات بھر
ان کے ہنسنے کی صدائیں
ان کے رونے کی صدائیں
آسمانوں نے۔۔۔ زمینوں نے سنیں
جلتے صحراؤں میں خوابوں کے دفینے
ڈھونڈنے نکلے ہیں پربت
پربتوں کی چوٹیوں سے
برف نے آواز دی ہے۔
ریل کی پٹری پہ

کس کے خون کے دھبے پڑے ہیں

سٹیشنوں پر۔۔۔

ہاتھ میں آئینے لے کر

کس کے استقبال کی خاطر کھڑے ہو

اے ستونو

اس جگہ پر کیوں گڑے ہو

کیوں۔۔۔۔۔۔۔۔۔۔۔۔؟

یہ نظم ریل فساد سے متعلق ہے، جس میں یہ تاثر قائم کیا گیا ہے کہ اتنا بڑا حادثہ ہوا اور اسٹیشنوں کے ستون کھڑے کیوں رہ گئے ؟شاعر، جب وہ پوچھتا ہے "اے ستونو ر اس جگہ پر کیوں گڑے ہو ر کیوں۔۔۔؟ ہماری غیرت قومی کو چیلنج کرتا ہے۔ لیکن انداز بیان سیاسی نہیں بلکہ پوری طرح پیکری ہے، جو جدید شاعری کا خاصہ ہے۔ اس میں عادل کا امتیاز یہ ہے کہ وہ پیکری استعارہ یا استعاراتی پیکر خلق کرتے ہیں۔ ایسا پیکر و استعارہ جو کبھی کبھی مماثلت پر نہیں، مغائرت پر مبنی ہوتا ہے۔ جیسے صبح کاذب کے صبح صادق میں بدلنے کو وہ یوں بیاں کرتے ہیں۔ " صبح کی چھاتی کا کچا دودھ مرتا جارہا ہے" یہ فساد زدہ ہمارا شہر بہرے گوشت کی دیوار ہے۔ دیواروں کے تو کان ہو سکتے ہیں۔ لیکن ایسے شہروں کے انسانوں کو قوت سماعت نہیں ہوتی بلکہ سارے حواس مر جاتے ہیں۔ رات ہو نا نہ ہونا کیا ہے۔ رات ہوتی بھی ہے تو سکون وراحت کے لئے نہیں، سنگین واقعات ہی کے لئے ہوتی ہے۔ اس کا ثبوت یہ ہے کہ چاند مرجھا رہا ہے اور چاندنی کی لاش کو ساحل پر پٹک کر رات کا دریا اترتا جارہا ہے۔ یعنی واقعات بھی رونما ہو رہے ہیں اور خطرناکی بھی بڑھتی جارہی ہے۔ یہاں تک کہ ماؤں کی چھاتیوں کا کچا دودھ بھی مرتا جارہا ہے۔ بظاہر تغیر صبح کی پیکر

تراشی ہے لیکن بیانیہ میں مافی الضمیر کا شدید کرب موجود ہے۔ جو حاملہ ماؤں پر فسادیوں کے حملے کا نتیجہ ہے۔ پھر ایک اجنبی استعارہ ہے۔ "روز کالی گھاس میں تم بیٹھتے ہو"۔ "کالی گھاس" غالباً ظلم و بربریت کی آماجگاہ یا غالباً ہوس رانی کا مقام۔ آگے سنگ دل دھرتی، پیٹ، بستر، دروازہ، مکان، خواہشوں کے بھوت، لذت کی چڑیلیں وغیرہ کا ذکر ہے۔ اس سے اندازہ ہوتا ہے کہ "کالی گھاس" استعارہ نہیں، علامت ہے اور اپنے چند تلازموں کے ساتھ معنی کی سریت لئے ہوئے آئی ہے اور آگے مناظر کی جو تفصیل ہے، وہ بھی بربریت کو مجسم کر دیتی ہے۔ کہ دوسروں کا مکان قبضہ کر کے ظالم لوگ آرام سے سوتے ہیں اور اپنی خواہشوں، ہوس ناکیوں کے بھوتوں، چڑیلوں کو رات بھر کھل کھیلنے کی آزادی دیتے ہیں۔ جبکہ ان ہی کھیلوں میں رونے ہنسنے کی بھی صدائیں اُبھرتی ہیں۔ جن کو آسمان و زمین سب سنتے ہیں۔ جنگل بیابان، پہاڑ اور ان کی چوٹیوں سے جاری ہونے والی ندیاں سب اپنے اپنے طور پر خبر دیتی ہیں کہ انسانیت کا خون ہوا ہے مگر بے حسوں کو اس کی مطلق پرواہ نہیں ہوتی۔ نظم کا یہ بیانیہ علم سماجیات کے ایک دانش ور کی حیثیت سے قائم کیا ہوا معلوم ہوتا ہے لیکن وہ دانش ور اصلاً ایک شاعر ہے۔ لہذا اس نے سماجی احتمالات کے ساتھ شاعرانہ اوصاف بھی پوری طرح برتے ہیں۔ ہر نقش متحرک ہے۔ موزونیت کے میزان میں داخلی قوافی نے، استفہامیہ نے "جاگتے ہیں / جاگتی ہیں" کے جدال نے (جو بھوت اور چڑیلوں کے لئے الگ الگ افعال ہیں) لطیف رنگ آمیزی کی ہے۔ ان سب پر طرہ ہے نظم کا بیک وقت فساد و جنس کا دوطرفہ لمس اور تناؤ نظم "مسخ شدہ چہرے والا پانی" اور "گو شت کی سڑکوں پر" بھی فساد ہی سے متعلق معلوم ہوتی ہیں۔ دیکھیئے۔

مسخ شدہ چہرے والا پانی

لمس کی دھنک ٹوٹے

آسمانی پستانوں کے درمیان ڈولتی تیرگی
خلا کے ہونٹوں میں جذب ہو
جذب ہو ایک لمحے کا لہو
روتی رہیں ہوائیں
پیپ میں لتھڑے ہوئے ہاتھوں میں منہ چھپائے
روتی رہیں
جلنے لگے سمندر کی گہرائیاں
ڈھلنے لگے وسعتیں
پگھلتی رہے ایک ایک سورج کی برف
ستارے کینچلی اتارے
پڑے رہیں نڈھال
سر نہ تال
کھو جائے
دشاؤں کی گپھاؤں میں کھو جائے
افق کے گھوڑوں کی ہنہناہٹ
بازگشت نہ آہٹ
سایوں کی دیواروں سے ٹکرائیں
خواہش کی کرنیں
ٹوٹ ٹوٹ جائیں
بند آنکھیں، کھلے ہونٹ

بند آنکھیں، کھلے ہونٹ
لرزتے رہیں پرکھوں کے اندھیرے
کھوکھلی ہڈیوں میں
دھندلے سویرے
بھاپ بن کر اُڑے
جسم کی گرمی
کافی کے کپوں سے
پانی میں عکس پڑے پانی کا
پانی میں پانی
مسخ شدہ چہرے والا پانی

یہ جو مسخ شدہ چہرے والا پانی ہے۔ یہ اصلاً شہید کے چہرے کی آب، آن بان، تمکنت ہے جس کی تمنا کی گئی ہے کہ "بند آنکھیں" "کھلے ہونٹ" دھندلے سویرے" کی طرح ہوں۔ نظم ابتدا سے انتہا تک تمنائی ہے اور جو نقوش بنائے گئے ہیں۔ وہ بھی شہیدوں کی سر دھانجلی کے لئے ہیں۔ پھر لطف کی بات یہ ہے کہ فضا بندی کا تضاد ان کو زیادہ موثر بناتا ہے۔ جیسے دیکھئے "بند" / "کھلے"۔ "دھندلے" / سویرے" "سمندر کی گہرائیوں کا جلنا، وسعتوں کا ڈھلنا بھی بیان کا نیا نقش ہے۔ نظم کی ان سطروں میں "لگے" غالباً کتابت کی غلطی ہے "لگیں" ہونا چاہئے (ماضی نہیں، تمنائی)

معاشرے میں اتنی جسم کشی ہوتی رہی ہے کہ ایک احساس شخص کو ایسا معلوم ہوتا ہے جیسے وہ "گوشت کی سڑکوں پر" چل رہا ہے۔ اس موضوع پر ایسا بیانیہ قائم کیا جاسکتا ہے۔ جس میں فساد کی بو اور ریڈ لائٹ ایریا کی لذت دونوں شامل ہوں۔ لیکن عموماً جدید

نظموں کا سروکار موضوعات کے فلسفوں سے کم اور موضوعات کے طرز پیش کش سے زیادہ رہتا ہے۔ عادل اور ریجنل اور متحرک، ٹھوس، مرئی نقوش بہت بتاتے ہیں اور متضاد صورت رکھ کے ابہام پیدا کر دیتے ہیں۔ نظم "گوشت کی سڑکوں پر" مذکورہ بالا باتوں کی عمدہ مثال ہے۔ ملاحظہ کیجئے۔

گوشت کی سڑکوں پر
پھول باسی ہو گئے ہیں
لمس کی شدت سے تھک کر
ہاتھ جھوٹے ہو گئے ہیں
اس جگہ کل نہر تھی اور آج دریا بہہ رہا ہے
بوڑھا مانجھی کہہ رہا ہے
خواہشوں کے پیڑ پر لٹکے ہوئے
سایوں کو دیمک کھا رہی ہے
وقت کی نالی میں
سورج چاند تارے بہہ رہے ہیں
برف کے جنگل سے شعلے اُٹھ رہے ہیں
خواب کے جلتے ہوئے چیتے
میری آنکھوں میں آ کر چھپ گئے ہیں
گھر کی دیواروں پہ
تنہائی کے بچھو رینگتے ہیں
تشنگی کے سانپ

خالی پانی کے مٹکے میں اپنا منہ چھپائے رو رہے ہیں
رات کے بہکے ہوئے ہاتھی
افق کے بند دروازے پہ دستک دے رہے ہیں
ہاتھ چھوڑو
ہاتھ میں کانٹا چبھا ہے
تین دن سے پھانس اندر ہے
نکلتی ہی نہیں
نام کیا ہے اور کہاں رہتے ہو تم؟
جامع مسجد کے قریب!
کہتے ہیں مسجد کے مینارے بھی تھے
شہر میں اِک زلزلہ آیا تھا جس سے گر گئے
گوشت کی سڑکوں پہ
کالے خون کے سایوں کا سورج چل رہا ہے
لذتوں کی آگ میں تن جل رہا ہے۔

آپ دیکھ رہے ہیں کہ نظم میں باتیں اس انداز سے پیش کی گئی ہیں۔ جو معاشرے کی فرقہ واری مار کٹائی، پھولوں کی مسلاہٹ، خواہشوں کی تسکین لذتوں کی حرارت وغیرہ کو ایک ساتھ نتھی کئے ہوئے ہے۔ "پھول باسی ہو گئے ہیں رلمس کی شدت سے تھک کر رہاتھ جھوٹے ہو گئے ہیں" ابتدا ہی میں جنسی اشارہ دیتے ہیں۔ بیوی سنے تو کہے کہ گھر میں ساس سسر ہیں، کیا بکتے رہتے ہو۔ اور اگر کوئی یہ سطر سنا دے کہ "اس جگہ کل نہر تھی اور آج دریا بہہ رہا ہے" تو سالی ہو یا سرہج، وہ ناراض ہو جائے گی۔ مگر جب آپ تنہائی، تشنگی،

بیخوابی، دشمنوں میں گھرنے اور نام ٹھکانا پوچھے جانے کی باتیں سامنے لاتے ہیں۔ مسجد کے گرے ہوئے مینارے، شہر کے زلزلے جو بھاری بم بلاسٹ کے ہو سکتے ہیں اور خون خرابے کا منظر پیش کرتے ہیں تو سر ہجوں اور سالیوں کو یقین ہو جاتا ہے کہ شہر کے فساد کا ذکر مقصود تھا، جب فسادیوں کو گھروں میں آگ لگا کے، عصمت دری کر کے قتل و خون اور لوٹ پاٹ کر کے لذت ملتی ہے۔ اسی کی پیش بندی کے لئے باسی پھولوں یعنی مرجھائے جسموں اور ان کو اُٹھاتے تھکے ہوئے ہاتھوں اور خون کے دریا کے بارے میں بوڑھے مانجھی کا بیانیہ اور وقت کے گزران میں سورج چاند تاروں کے بہاؤ اور سرد مہری و بے حسی کے نقوش بنائے گئے ہیں۔

موضوع فساد ہے یا فساد نہیں، جنس ہی ہے یا جنس نہیں، فساد ہی ہے۔ لیکن لہجہ اتنا نرم، آرائشی اور شہوانی ہے کہ بظاہر پتہ ہی نہیں چلتا کہ مرادِ شاعر کیا ہے؟ وجہ یہ ہے کہ عادل کے مختلف سمت کے معنی کو مختلف سمت کے الفاظ میں پرو دیتے ہیں۔ مثلاً "برف کے جنگل سے شعلے اُڑ رہے ہیں" (یعنی سرد مہری انتہا پر ہے) یہ "شعلے" خنکی ہی ہے۔ لیکن کیا متضاد صورت ہے! یہ دیکھ کر "خواب کے چلتے ہوئے چیتے رمیری آنکھوں میں آ کر چھپ گئے ہیں" اب غور کیجئے کہ جس کی آنکھوں میں نیند یا تمنا کے برننگ برائٹ ٹائیگر پناہ لیں وہ جاگا ہوا بے چین نظر آئے گا یا سویا ہوا آسودہ و بے نیاز؟ ساری رات تو آنکھوں میں کٹ گئی کیونکہ گھر کا حال بھی ایسا ہے کہ دیواروں پر تنہائی صرف برستی نہیں ہے بلکہ خطرناک صورت یہ ہے کہ تنہائی کے بچھو رینگتے ہیں اور تشنگی کے سانپ پانی والے خالی مٹکے میں دُبکے روتے رہتے ہیں۔ گویا فسادیوں سے موذی جانور بھی پناہ مانگتے ہیں مگر بیان کنندہ کا حال تو اور بھی شدت سے خراب ہے کہ اس کو باہر کی مصیبتوں کے ساتھ اندر کی مصیبتوں کا بھی سامنا ہے۔ یہ بھی دینے لائق بات ہے کہ رات کو بہکا ہوا تھی کہا

ہے۔ رات بہکی ہوئی کہنے سے بات نہ بنتی ہے۔ ہاتھی، ہاتھ، دروازہ، دستک، یہ زنجیر رعایت ہے۔ لیکن عادل روایتی نظموں کی طرح آغاز عروج، انجام اور مربوط بیانیہ کی پروا نہیں کرتے۔ بس جس رو سے خیالات آتے ہیں وہ نقوش بناتے چلے جاتے ہیں وہی ان کے مضامین نظم ہوتے ہیں اور معنی ان سے ڈھکے ہوئے ہیں۔ شاعر کی مافی الضمیر اور نظم کے مافیہا کو غور کر کے سمجھنا پڑتا ہے۔

ایک دو باتیں اور کہنے کی ہیں یہ نظم ملاحظہ کیجئے:

موت: ایک سرریلسٹ تجربہ

کھر پچھاڑ کر، دم اچھال کر دوڑے
ڈمر کالے گھوڑے، سفید چٹانی رتھ جوڑے
بھڑ کے چھاتی سامنے، آدھے بند کروں کواڑ
دھڑ دھڑ دھڑ دھڑ آکر سیدھے ٹکرائے، دھاڑ..............!
پلکیں توڑیں، توڑیں چٹانیں
کھوپڑیوں کی کرچیوں میں گہرائی میں آنکھ میں جاکر سوئے
ملاجلا جہاں ملبہ پڑا وہاں گول گول میں گھوموں
میری اور گھوڑوں کی پھٹی ہوئی آنکھوں میں جھک جھک جھانکوں
اندر سے وہاں
کہاں ؟ کہاں ؟ کہاں ؟ کہاں ؟
کھڑ پچھاڑ کر، دم اچھال کر دوڑے
ڈمر سفید گھوڑے، قضا نے چٹانی رتھ جوڑے۔

یہ نظم اصل میں گجراتی زبان کے شاعر سیتا، نشولیشس چند نے گجراتی میں لکھی

تھی۔ عادل نے ترجمہ کیا ہے جیسا کہ انہوں نے بتایا ہے اور اردو لفظوں پر اپنی مہارت کا ثبوت دیا ہے۔ عنوان ہی سے ظاہر ہے کہ نظم کا موضوع موت ہے۔ لیکن موت پر کوئی دانش ورانہ بات نہیں کہی گئی ہے بلکہ موت کے تصور سے احساسات کے جو پیکر ذہن میں اُبھرے ہیں۔ ان کو نہایت تحریک اور شدت سے ایک تلازمۂ خیال پر و دیا گیا ہے۔ موت کو ڈمر کالے گھوڑے اور تکفین کے بعد میت کو جبکہ اسے کھاٹ میں رکھ کے لوگ لے چلیں، سفید چٹائی رتھ کہا گیا ہے۔ اس منظر کو دیکھ کر شاعر جو تجربہ حاصل کرتا ہے اس کو اس نے سرریلسٹ تجربہ کیا ہے۔ کیونکہ تحت نفسی خیالات اپنے زور پر آنے لگتے ہیں۔ چھاتی کا بھڑکنا، آنکھوں کی نیم بازی اور پپوٹوں کا ٹکرانا، ٹکرانے کی آواز اور شکست جسم اور اُس آواز کا جان کی گہرائیوں میں سو جانا، گویا جسم کے ملبے کا خود ہی اندر سے مشاہدہ کرنا اور پھر اس سے دو چار ہونا اور اس کالے گھوڑے کی طرح کھرپچھاڑ کر، دُم اُچھال کر دوڑنے بھاگنے پر پوچھنا کہ کہاں کہاں کہاں دوڑے، واقعی موت کا بڑا زندہ اور شعوری تجربہ ہے۔ جب جسم سے روح نکل گئی تو جسم اب سفید ہو گیا۔ یعنی موت (کالے گھوڑے) نے مردہ جسم کو سفید گھوڑا بنا دیا۔ شاعری نے چونکہ عنوان نظم میں ایک اشارہ دے دیا ہے۔ اس لئے اتنی گفتگو ہو بھی گئی۔ ورنہ سرریلز کو سمجھنا نہایت مشکل تنقیدی مرحلہ ہے اور میں ایسا سمجھتا ہوں کہ اصول تنقید کی رو سے اس کا قدرتی محاکمہ نہیں کیا جاسکتا۔ لیکن اس طرح کی شاعری کبھی کبھی جو تاثر قائم کرتی ہے اس کا انکار بھی نہیں کیا جاسکتا۔

ڈاکٹر شمس الرحمن فاروقی نے عادل منصوری کی نظموں کے بارے میں لکھا ہے کہ :-

"۔۔۔شعوری یا غیر شعوری طور پر انہوں نے دور و نزدیک کے ایسے سرچشموں

کے گہرے پانی سے بھی اپنی نظم کی آبیاری کی جو عام اُردو شاعر کی دسترس میں نہ تھے۔ مثلاً ایک طرف تو انہوں نے اور صرف انہوں نے ایسی نظمیں کہیں جنہیں سر ریلزم سے متاثر خود کار تحریر یا جذبے کے آزاد تلازمات پر بنائی ہوئی وضع سے تعبیر کیا جاسکتا ہے اور دوسری طرف ان کے تخئیل اور فکر کے عمل تقطیر سے اسلامی مذہبی تصورات، استعارے اور حکایات بھی وقتاً فوقتاً ایسی نظموں میں در آتے ہیں۔ جن کا براہ راست سر چشمہ بظاہر سر ریلزم کی خود کار تحریک کے انداز میں تلاش کیا جاسکتا ہے۔۔۔"

فاروقی کی یہ دریافت بالکل صحیح ہے کہ عادل نے شعوری یا غیر شعوری طور پر دور و نزدیک کے سر چشموں سے اپنی نظموں کی آبیاری کی ہے۔ لیکن سر ریلزم (Surrealism) کو شاعری میں برتنا شاعری اور شاعری کے قاری دونوں کی آزمائش ہے۔ مجھے ایسا محسوس ہوتا ہے کہ یہ ادبی تنقید کو تحکمانہ انداز میں بے وقعت بناتا ہے اور شاعری کے اصل مقصد، تخلیقِ حسن کو دبا دیتا ہے۔ یہ دب گئی تو تفہیم حسن بھی دب گئی۔ بہر حال، فاروقی نے جن سر چشموں کی نشاندہی کی ہے۔ ہندو آستھا اور وشواس میں تجسیم کی بڑی اہمیت ہے۔ کسی خیال کو نراکار مت چھوڑو، ہر مفروضے کو ایک آکار دے دو۔ عادل نے اس سر چشمے سے بھی خوب فائدہ اُٹھایا ہے۔ ہر بات میں ان کی پیکر سازیاں شیوۂ بت گری کی مثالیں ہیں۔ علاوہ بریں، انہوں نے سر چشمے کی فکریات بھی پیش کی ہیں۔ ایسی کئی نظموں میں سے ایک چھوٹی سی نظم ملاحظہ کیجئے۔

ویدنا کو کس طرح آکار دو گے

ویدنا کو کس طرح آکار دو گے

کالی گھٹناؤں کی کڑوی شونیتا کو

کس طرح دھتکار دو گے

تم ستاروں کے پجاری
سوریہ پر وشواس کیسے رکھ سکو گے
سوریہ تو ساکچھا اگنی
گھومتا ہے میری رگ رگ میں لہو بن کر
تم کشیتج کے ٹوٹنے کی کیوں پر تکشا کر رہے ہو
ہو سکے تو یوں بکھر جانے سے پہلے
اپنا استی تو بچالو
دنبھ سے دامن چھڑالو

صاف ظاہر ہے کہ دکھ جو ایک احساس ہے۔ جسے ہم دیکھ نہیں سکتے اور شاید اسی وجہ سے دوسروں کے دکھ کو اچھی طرح سمجھ نہیں سکتے۔ قابل فہم ہونے کے لئے ایک ہئیت چاہتا ہے۔ مگر اس کو کوئی ہئیت نہیں دی جاسکتی۔ البتہ موت کی جو گھٹنائیں ہوتی رہتی ہیں ان کا انکار کیسے کیا جاسکتا ہے۔ تو موت کو دھتکارا نہیں جاسکتا۔ جو لوگ تاریکی کے حمایتی اور اس نسبت سے ستاروں کے پجاری ہیں۔ یعنی ظلمت پرست ہیں وہ روشن آفتاب کا یقین کس طرح کر سکتے ہیں۔ کیوں کہ وہ تو مجسم آگ ہے۔ اس سے زندگی کی حرارت ہے۔ تو جو لوگ ویدنا کو ساکچھات، دیکھ نہیں سکتے۔ وہ اپنا وجود بھی نہیں بچاسکتے۔ اس کی بنیادی وجہ یہ ہے کہ ان میں دنبھ، ہے۔ اس لئے وہ دکھ کو دیکھنا تو دور کی بات ہے۔ اسے محسوس بھی کرنا نہیں چاہتے۔ لہذا ایسے لوگ آسمان وزمین کے سنگم کے ٹوٹنے بکھرنے کا انتظار کیا کرتے ہیں۔ وہ تو اِس ٹوٹ پھوٹ کے پہلے ہی ٹوٹ کر بکھر جاتے ہیں۔ کیونکہ آدمی کا دنبھ ہی اس کو لے بیٹھتا ہے۔ ہندو دیومالا اور ہندوستانی سیاسی فسادات کے پسِ منظر میں یہ نظم بہت کچھ کہہ جاتی ہے۔

میں "شونیتا" سے واقف نہ تھا۔ اپنے مخلص دوست پروفیسر انعام الحق، جو مرزا غالب کالج گیا میں شعبۂ ہندی کے صدر ہیں سے رجوع ہوا۔ انہوں نے مستند ہندی لغات دیکھ کر بتایا کہ یہ "سونیتھا" ہو سکتا ہے۔ ہندو دیومالا میں موت کی بیٹی ہے۔ اگر ہم ان کی بات نہ مانیں تو بھی "شونیتا" بڑی شین سے نہ ہونا چاہئے کیونکہ انہوں نے بتایا کہ 'سونیتا' کے معنی اچھی طرح سے لے جانے والی کے ہوتے ہیں۔ ظاہر ہے کہ کالی گھٹناؤں یعنی حادثات سے دوچار ہونے پر موت کے فرشتے آجائیں اور وہ بڑے کڑوے بیوہار کریں تو ان کو بھی کس طرح دھتکارا جا سکتا ہے۔ اب وہ موت کی بیٹی ہو یا موت کا فرشتہ ہو۔ اس سے دوچار تو ہونا ہی ہے۔ مگر موت کی بیٹی میں جو تجسیم ہے۔ اس کا جو آکار ہے وہ فرشتۂ موت میں نہیں ہے۔ یہ لفظ "شونیتا" عادل کی ایک اور نظم میں بھی آیا ہے نظم دیکھئے:۔

پرانی تاریخ کا دروازہ کھولنے کی تمنا
مجھ کو اپنا گربھ جیون یاد ہے
آج بھی چمڑی کے نیچے جاگتی ہے
جنم پل کی ویدنا
شونیتا کی چہار دیواری میں
بہرے اندھکاروں کا ولاپ
میری قسمت میں لکھا ہے سورج کا شراپ
کاش کوئی پھر مجھے
سپرش کی اندھی گپھا میں پھینک دے

اس نظم میں بھی ہندو دیومالا ہے۔ سورج کا شراپ (جدید ہندی میں شاپ ہے) اندھکار کو ہے کہ تم روشنی کا سامنا نہیں کر سکتے۔ اور موت کی چہار دیواری میں تاریکی ہی

تاریکی ہے۔ اس لئے اندھکار ولاپ کرتے رہتے ہیں۔ لیکن جس آدمی کو ماضی اچھا لگتا ہے تو وہ جنم پل کی ویدنا کو محسوس کرتے ہوئے اپنا کربھ جیون بھی یاد کر سکتا ہے۔ وہ حال کے سورج کی چمک دمک ہی کو اپنے لئے شاپ سمجھتا ہے۔ اس لئے وہ لمس اور احساس کے ماضی ہی کو پسند کرتا ہے۔ خواہ وہاں تاریکی ہی کیوں نہ ہو۔ اور اس طرح، نظم حال سے بہتر ماضی کے تصور کو تازہ کرتی ہے۔ اس پس منظر میں وہ نظم بھی ملاحظہ کیجئے جسے عادل نے گجراتی زبان میں لکھی تھی اور خود ہی اس کا اردو ترجمہ بھی کیا۔ نظم یہ ہے۔

پلیٹ فارم کی بھیڑ میں
پلیٹ فارم کی بھیڑ میں
پچھلے جنم کے چہرے والا آدمی
مجھے گھور رہا ہے
یا گھورتی بھیڑ سے
پچھلے جنم کا پلیٹ فارم
میرا چہرہ ڈھونڈ رہا ہے
یا پلیٹ فارم کے چہرے میں
پچھلے جنم کی بھیڑ کو
میں گھور رہا ہوں

نظم میں آواگون کی بات نہیں۔ بلکہ ماضی کی دریافت کا معاملہ ہے۔ جس ہندی نثر اد کو اپنا کربھ جیون زیاد رہ سکتا ہے وہی پچھلے جنم کے چہرے والے آدمی کو پہنچا سکتا ہے اور پچھلے جنم کے پلیٹ فارم کی بھیڑ کو گھور سکتا ہے۔ نیز، یہ شعور صرف اسی کو ہو سکتا ہے، کہ پچھلے جنم کا پلیٹ فارم اور اس کی بھیڑ اس کو پہچاننے کی کوشش میں ہے۔ یہ ماضی

کو چھونے، پہچاننے اور اپنی انفرادیت کو برتنے کی بین مثال ہے۔ جب لوگ ادب میں اجتماعی نظریات پر بہت زور دے رہے تھے تو گویا وہ پلیٹ فارم کی بھیڑ تھی جس کی سمت اور منزل ایک نہیں ہوتی بلکہ واقعتاً اس میں انتشار ہوتا ہے۔ عادل نے اس پر ضرب لگائی ہے۔ نظم میں کئی جہتوں سے گھورنے کے جو امکانات رکھے ہیں۔ وہ یہ اشارہ کرتے ہیں کہ ادب کی اجتماعیت ہی حتمی نہیں ہے۔ بلکہ انفرادی رجحانات بھی اہمیت رکھتے ہیں۔ مگر فردی خوبی (Individual Talent) روایت (Tradition) سے کٹ کر نمو پذیر نہیں ہو سکتی۔ دور جدید کی بے چہرگی کی اذیت سے ہار داؤ دے کر آج کے انسان نے، جو بہت حساس اور باشعور ہے۔ تاریخ سے اپنی شناخت قائم کرنے کی تمنا نہیں چھوڑی ہے۔ تاریخ پچھلے جنم کی طرف مراجعت کا وسیلہ ہے۔ اس وسیلے میں آکاریاں سا کچھات یا پیکر کا اہم کردار ہوتا ہے۔ اس لئے شاعر بھی ہر تخئیل کو مرئی شکل دیتا ہے۔ اس میں اس کا اسلامی عقیدہ کبھی مخل نہیں ہو سکتا۔

***